全国中等职业学校
课程改革新教材

Qiche Weixiu Jichu

汽车维修基础

（第3版）

主　　　编　黄仕利　柏令勇

副　主　编　杨秀娟　夏宇阳　刘　卯

丛书总主审　朱　军

人民交通出版社股份有限公司

北　京

内 容 提 要

本书是全国中等职业学校课程改革新教材之一，主要内容包括：汽车维修基础概论、维修人员职业素养、汽车专业资料检索、工具、量具、常见检测与维修设备和汽车运行材料。

本书为中等职业学校汽车运用与维修专业的教材，也可供作为职业培训和汽车维修服务相关工作人员的参考书。

图书在版编目（CIP）数据

汽车维修基础／黄仕利，柏令勇主编.—3 版. —
北京：人民交通出版社股份有限公司，2019.8（2025.12重印）
ISBN 978-7-114-15678-6

Ⅰ.①汽… Ⅱ.①黄…②柏… Ⅲ.①汽车—车辆修理—中等专业学校—教材 Ⅳ.①U472.4

中国版本图书馆 CIP 数据核字（2019）第 136770 号

书　　名：	汽车维修基础(第3版)	
著 作 者：	黄仕利　柏令勇	
责任编辑：	戴慧莉	
责任校对：	刘　芹	
责任印制：	张　凯	
出版发行：	人民交通出版社股份有限公司	
地　　址：	(100011)北京市朝阳区安定门外外馆斜街 3 号	
网　　址：	http://www.ccpcl.com.cn	
销售电话：	(010)85285911	
总 经 销：	人民交通出版社股份有限公司发行部	
经　　销：	各地新华书店	
印　　刷：	北京建宏印刷有限公司	
开　　本：	787×1092　1/16	
印　　张：	10.5	
字　　数：	238 千	
版　　次：	2010 年 10 月　第 1 版 2013 年 9 月　第 2 版 2019 年 8 月　第 3 版	
印　　次：	2025 年 12 月　第 3 版　第 6 次印刷　总第 16 次印刷	
书　　号：	ISBN 978-7-114-15678-6	
定　　价：	28.00 元	

（有印刷、装订质量问题的图书由本公司负责调换）

第3版前言

本套"全国中等职业学校课程改革新教材",自 2010 年首次出版以来,多次重印,被全国多所中等职业院校选为汽车运用与维修专业教学用书,受到了广大师生的好评。2012 年根据教学需求,本套教材进行了修订,使之在结构和内容上与教学内容更加吻合,更注重对学生实践能力的培养。

为了体现现代职业教育理念,贴近汽车运用与维修专业实际教学目标,促进"教、学、做"更好地结合,突出对学生技能的培养,使之成为技能型人才,2018 年 8 月,人民交通出版社股份有限公司吸收教材使用院校的意见和建议,组织相关老师,经过认真研究和充分讨论,确定了修订方案,再次对本套教材进行了修订。

《汽车维修基础》的修订工作,就是在本书第二版的基础上,吸收了教材使用院校教师的意见和建议,在修订会议上专家审议的修订方案指导下完成的,教材内容修订主要体现在以下几个方面:

(1)删除单元一中制订个人职业规划和制作简历参加面试等内容,将单元一和单元二融合为"单元一 汽车维修基础概论"。

(2)删除"单元九 汽车维修接待"。

(3)每个单元新增"技能训练"内容,通过实际操作,巩固对知识的掌握,使学生能规范使用相应工具、量具、设备等。

(4)根据最新《机动车维修管理规定》,修订附录内容。

本书由四川交通运输职业学校黄仕利、柏令勇担任主编;由四川交通运输职业学校杨秀娟、夏宇阳,贵阳交通技师学院刘卯担任副主编;成都前进职业高级中学曾祥贵、贵阳市交通技工学校张媛、成都汽车职业技术学校兰国龙参加编写。

限于编者水平,书中难免有疏漏和错误之处,恳请广大读者提出宝贵建议,以便进一步修改和完善。

全国中等职业学校汽车运用与维修专业

课程改革新教材编委会

2019 年 2 月

目 录

单元一　汽车维修基础概论

学习目标

完成本单元学习后,你应该能:

1. 了解汽车维修行业发展的基本情况;
2. 知道现代汽车维修的理念;
3. 了解汽车维护、汽车修理的分类;
4. 知道汽车常见的损伤形式和检验方法;
5. 知道汽车的清洗方法和修复方法。

建议学时:8 学时

一、汽车维修行业发展概况

随着汽车工业的飞速发展,中国汽车维修业也得到了快速发展。但是,在计划经济时代,由于车辆主要集中在运输企业中,汽车维修主要是附属于运输企业,独立的汽车维修企业非常少。改革开放以后,中国的车辆分布发生了本质的变化,车辆的社会化和私家车的大量发展,使汽车维修业走向社会化,并促使汽车维修业从产品型行业向服务型行业转变,按照市场化的要求,形成了一个社会化的、资金和技术密集型的、相对独立的行业。

经济的高速发展和人们生活水平的不断提高,使得汽车的保有量呈现高速增长趋势,从而促进了国内汽车工业的迅猛发展。汽车工业快速发展的同时,也促使了汽车维修行业的扩大和发展,汽车维修行业迎来了前所未有的挑战和广阔的发展机遇。

做一做

自己查阅汽车维修行业发展的最新信息,将你得到的数据与书本上的数据进行比较,分析汽车维修行业的发展状况。

(一)汽车维修行业的基本情况

随着我国经济持续快速发展,人们表现出了极强的购买能力,汽车保有量继续呈快速增长趋势,据公安部交通管理局统计,截至 2018 年 6 月,我国汽车保有量已达 3.19 亿辆,此外,2017 年机动车驾驶人已达 3.85 亿人,其中汽车驾驶人 3.42 亿人。随着我国机动车辆的快速增长,汽车后市场的发展也是突飞猛进,成为全球增长速度最快的市场。据前瞻资讯产业研究院数据监测中心的统计,截至 2017 年年底,全国共有机动车维修经营企业 64 万家,从业人员近 400 万人,完成年维修量 5.3 亿辆次,年产值达 6000 亿元以上。按统计,我国共有 44 万家汽车维修厂,分为一、二、三类。一类维修厂包括汽车品牌授权的 4S 店以及一些规模较大的汽修厂,占维修厂总量的 15% ~ 20%;二类维修厂包括部分 4S 店所设立的维修服务网点,以及具有一定规模和技术水平的维修厂,占到总量的 25% ~ 30%;三类维修厂就是规模较小、技术水平较低的维修厂,占到总量的 50% 以上。一个以中心城市为依托,一类企业为骨干,二类企业为基础,三类企业为补充,各类经济成分协调发展的汽车维修网络和市场格局基本形成,较好地适应和满足了运营车辆和社会车辆的维修需求。

由于技术的逐步革新和进步,人民生产水平和生活水平的提高以及公路设施的改善,尤其是高速公路的出现和高速发展,对汽车的安全性、可靠性、快速性、环保性、舒适性和经济性等方面提出了更高的要求,从而促使汽车产品进一步在品种、结构以及性能等多方面越来越适应社会及人类的需求。为更好地达到这些要求,汽车维修也必须相对应地作出更大的发展,来最大限度地满足社会及人类发展的需求。

1. 汽车维修行业存在的基本问题

目前,中国的汽车维修行业已经取得了巨大的进步,有了前所未有的发展,企业的管理水平、服务意识也有了明显的改善,扩大了服务范围,改变了服务方式,增加了服务设施,技术装备水平有了很大的提高,现代的汽车检测诊断技术得到了广泛的应用。但是,其与汽车技术的发展和客户日益增长的需求仍有一定的差距,存在一些问题。

1)行业属性定位上认识还不到位,服务水平较低

汽车维修业已从产品型的行业向服务型行业转变,但是汽车维修行业广大的从业人员按传统的为运输生产服务向广大的客户服务的观念仍未有转变到位,为普通百姓服务的意识尚需提高,个性化定制式服务、关联化的一站式服务机制尚未形成,行业的信息反馈机制、投诉调查处理机制还不十分完善,为客户服务的水平还较低。

2)市场秩序有待进一步规范

行业管理部门的市场准入把关不严,执法监督不到位,致使无证修车,不规范的路边店、占道修车等现象屡禁不止。有些路边店服务不规范,作业环境脏、乱、差,干扰了市场秩序,损害了整个行业的社会形象。

3)从业人员素质低,技术水平低

随着汽车工业的发展,高新技术在汽车上的广泛应用,对维修人员的技术水平要求也逐步提高,但是,由于从业人员的文化水平较低造成了其素质和技术水平都较低,特别是经过专业学习的比例很低,从而使从业人员的总体素质低,使技术工人的技术水平低。

4)维修质量得不到保证,行业的诚信度、信誉度较差

由于汽车维修技术与飞速发展的汽车自身技术存在较大差距,加之整个行业的从业人员文化素质、技术素质均偏低,造成新技术的推广和普及困难,影响了传统的经验维修方式向新的诊断、换件为主的维修方式的顺利转变,使汽车维修质量得不到很好保证;由于有些企业使用假冒伪劣汽车零配件等问题依然存在,使社会上存在客户修车不放心、怕骗、怕宰

的现象,行业在社会上的诚信度还不够高、信誉度较差。

5)乱收费问题存在

一些汽车维修企业还存在汽车零配件乱加价、乱收费和不经客户许可而擅自增加作业项目多收费等问题,收费不透明和收费的事先沟通机制不完善。

2. 中国汽车维修行业发展趋势

2005 年交通部颁布的《机动车维修管理规定》中规定:任何单位和个人不得封锁或者垄断机动车维修市场;鼓励机动车维修企业实行集约化、专业化、连锁经营,促进机动车维修业的合理分工和协调发展。鼓励推广应用机动车维修环保、节能、不解体检测和故障诊断技术,推进行业信息化建设和救援、维修服务网络化建设,提高机动车维修行业整体素质,满足社会需要。

目前,国有、集体、个体、中外合资、中外合作等各种形式的维修企业并存,初步形成了一个多渠道、多形式、多层次的汽车维修市场。

(1)品牌带动的"汽车快修"服务店(图1-1)正在崛起。社会知名度高、为广大消费者认同的品牌快修业已进入我国,这些国际化运作的汽车快修企业具有统一经营标志、统一开业技术条件、统一维修工标志和服装、统一信息网站名称、统一送配件材料的强化优势。

图1-1 汽车快修连锁店

(2)汽车维修诚信体系正在形成。近几年来,交通运输部以质量信誉等级考核为切入点,在二类以上企业中逐步完善及 ISO 9000 服务质量认证工作,提高服务管理水平。

(3)在社会各方共同努力下,进一步完善汽车救援网络建设,遵照便捷、快速、及时的要求,扩大救援覆盖范围,健全救援运行机制,扩展延伸救援内容及能力,建立大型营运车几小时快速救援圈,合理布局救援企业,本着行业引导、政策扶持、企业主办、市场运作、重点突出、循序渐进的原则达到极大满足客户需求为最终目标。

查一查

自己上网查阅一下汽车维修行业相关发展资料,及时掌握汽车维修行业前沿信息。

3. 汽车维修行业从业人员基本情况分析

据调查,目前汽车维修及相关行业突出矛盾是人员素质远远满足不了行业发展需要,由于经过系统学习的汽车维修专业人员供不应求,导致大量未经任何培训的人员进入汽车维修行业。据抽样调查,主要存在问题是:从业人员总体素质较差,导致劳动生产效率低、管理水平不高、服务质量不到位、事故率高,具体表现如下。

1)高等级技能人才比例偏低

以具备技术等级证书的技术工人为样本比较,如图1-2所示,初级工、中级工、高级工及以上(含技师、高级技师)比例为 30.4%、43.1%、26.6%(发达国家为 15%、50%、35%);抽样的一、二类企业中,尚有 22.4% 的从业人员不具备任何技术等级证书;三类企业中技术等级的比例更远远低于上述数据。

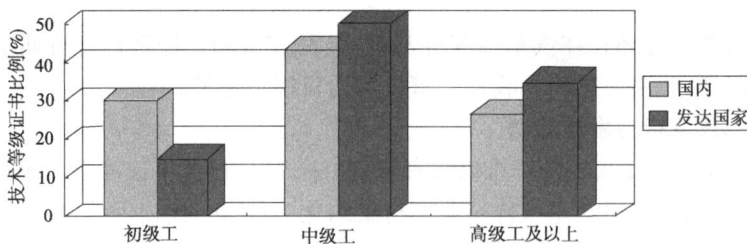

图1-2　我国与发达国家技术证书比例

2）文化程度偏低

如图1-3所示,初中、高中、专科及以上的比例为38.5%、51.5%、10%(发达国家为20%、40%、40%)。

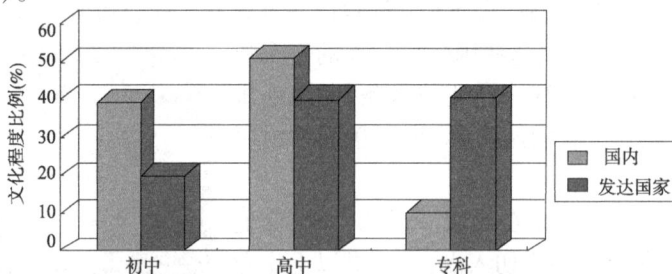

图1-3　我国与发达国家维修人员文化程度比例

3）工人技术水平偏低

如图1-4所示,具有故障诊断能力的技术工人仅占20%(日本为40%,美国达到80%);从抽样样本看,技师和高级技师仅占技术工人8%,其中年龄在55岁以上的占37.5%,且绝大多数知识结构老化,难以适应现代汽车维修新技术。

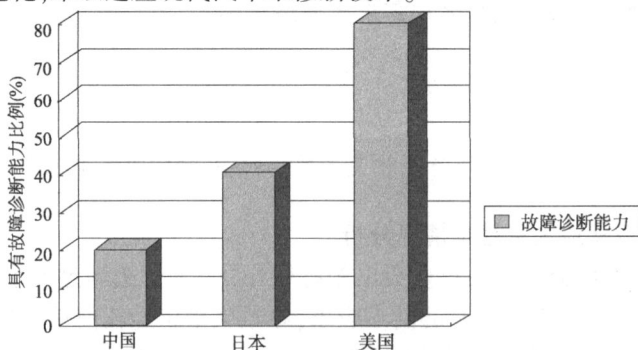

图1-4　中、日、美三国维修工人技术水平

4）接受过系统专业知识学习的人员比例极低

接受过系统专业知识学习的人员比例仅占17.8%;约占企业总量79%,从业人员总量约60%的三类维修企业,其从业人员仅有25%的人员参加过短期技术培训,75%的人员未经过任何培训。

5）具有专业技术职称的人员比例较低

抽样调查的技术管理及经营管理人员中，具有专业技术职称证书的占 53.35%，没有专业技术职称的高达 46.65%。

6）专业技术管理及经营管理人员结构不合理

如图 1-5 所示，具有专业技术职称证书的，初级占 46.7%，中级占 40.2%，高级占 13.1%；具有高级职称人员中，年龄在 55 岁以上的占 23.3%。

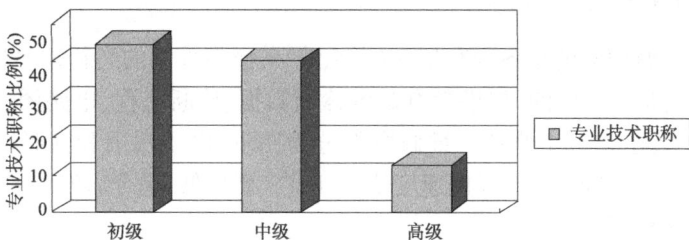

图 1-5　我国汽车维修行业专业技术职称比例

7）专业设置逐步趋向合理

原交通部和汽车维修协会参与制订教学指导方案，在专业和专门化方面按从业人员职业资格的要求设置。为了检验职业教育的成果，教育部从 2006 开始联合各有关部委共同举办职业技能大赛，教育部部长提出了"学历教育有高考，职业教育有大赛"，从而更加促进职业教育质量的提高。职业院校将会为汽车维修行业输送大量的掌握现代汽车维修技术的技能型人才，解决技能型人才短缺的问题，进而促进行业技术素质的提高。

(二)现代汽车维修

2014 年 9 月 18 日，十部委联合发布了《关于促进汽车维修业转型升级提升服务质量的指导意见》，目的在于促进加快汽车维修业的转型升级。文件指出："鼓励连锁经营，促进市场结构优化；鼓励规模化发展，提升资源配置效率；鼓励品牌化发展，充实行业发展内涵等"。此外，2015 年 3 月 5 日，李克强总理在十二届全国人大三次会议政府报告中首次提出"互联网＋"行动计划。大力提倡运用信息技术手段，让互联网与传统行业进行融合与发展。于是，在汽车维修行业中掀起了"互联网＋汽修"的浪潮，通过整合汽修企业线上线下资源，实现线上引流和线下体验的效果。

初期的汽车只是"机械牲畜"，只用来运送人和物，而不考虑环保、安全和舒适，经过多年发展，人们开始关注这些因素，现代汽车已经运用了机械、化工、液压、气动、物理、电子等许多现代技术。新技术的使用向维修技师提出了新的挑战。

现代汽车技术进步，特别是电子技术的发展给汽车维修业带来了思维方式、思维观念的根本变化。传统汽车维修是以经验判断为主的机械维修，现代维修是以仪器检测诊断为主的电控技术维修。现代维修是机电一体化高科技含量、科学管理和高水平服务的维修，现代汽车维修新观念主要表现为几方面。

相关链接

汽车维修技师不仅要实践性地掌握拆卸、修理、更换失效和损坏的零部件等相关技能，还必须能够诊断和维修汽车的电子系统。由于新系统的不断出现，要求维修技师不断学习新知识和新技能，任何一个想成为优秀维修技师的人都必须不断地更新其技能，与汽车技术发展保持同步。

1) 现代汽车维修面对的是各种车型、电子系统、传感器控制的高新技术装备

占有维修资料是第一位的，如果没有基本诊断数据、诊断流程、电路图、油路图、装配图等就会无从下手，甚至会把车修坏。维修资料分为图书、电子图书和互联网络查询三种形式。电子图书容量大、易保存；互联网速度快、空间广、费用低，是今后发展的趋势。

2) 先进的检测仪器设备

传统的维修观念是靠眼看、手摸、耳听，以经验维修为主；现代维修摒弃这种传统方法，要采用先进的检测诊断仪器设备。它们可以把汽车电脑和各种传感元件的瞬间变化，用数值和波形显示出来，提供给技术人员分析参考，以便准确、快捷地判断故障。维修车辆必须是以科学诊断为基础，科学诊断光靠技术资料不行，还必须要有先进的检测诊断仪器设备。先进的仪器设备，需要人去掌握，仪器设备才能发挥作用，通过仪器的组合尽量达到功能齐全。仪器设备的选择要注意它的先进性、实用性、稳定性。

3) 汽车维修工程技术人才

人才就是生产力，现代维修企业的竞争关键是人才的竞争。现代化的汽车维修，必须要有高素质、高技术水平的人才。国外把汽车维修人才称为汽车维修工程师和汽车维修技师。

现代维修人才的概念分为两个层次：一是能对汽车进行检测诊断的"汽车医生"，"汽车医生"又包括"诊断医生"和"手术医生"，而培养"手术医生"的难度更大，技术要求更高；二是能对汽车零件熟练拆装的"汽车护士"和"护工"，两种人才相互配合，相互补充，构成企业的技术人才群体。

4) 树立良好的服务意识

树立全天候、全方位、全过程的服务观念。维修业既然属服务行业，就应该遵循全天候的原则，24h 服务不休息，无节假日。这样才能从时间的服务上取信于客户。车辆从进厂到维修、维修到出厂、出厂到跟踪服务整个过程，都要有严格的科学管理制度，都要建立一个动态的管理服务系统，给客户一种安全感、信任感。

5) 电脑管理观念

企业整体服务运用电脑管理，要节约人力，提高效率，防止漏洞，建立档案，做好跟踪等，更重要的是可提高企业的形象，将一种高科技管理的形象展现在客户面前。

6) 企业文化与品牌

在当今激烈的市场竞争中，光靠技术、质量是不能取胜的，更重要的还要有企业的文化、企业的品牌。品牌是一种无形资产，它会给企业带来效益。同样的质量、同样的服务、同样的技术、同样的收费，为什么有的企业生意好，有的企业生意冷落，一个重要的原因是品牌上的差别。

企业品牌的创建，需要整套企业文化来支持。企业的文化是企业的精神、灵魂。好的

企业文化会带来好的企业效益,长远的效益。所以如何建立一套汽车维修企业的文化系统,也是当今汽修企业家们所关心的重大问题。只有树立了现代维修的观念才能创建现代维修的企业,才能获得良好的经济效益。

二、汽车维护

我国现行的维修制度属于计划预防维修制度。该制度规定车辆必须贯彻预防为主、定期检测、强制维护、视情修理的原则。

车辆维护应彻预防为主,强制维护的原则。保持车容整洁,及时发现和消除故障、隐患,防止车辆早期损坏,车辆维护作业包括清洁、检查、补给、润滑、紧固、调整等,除主要总成发生故障必须解体时,不得对其进行解体。

（1）严格执行技术工艺标准,加强技术检验,实现检测仪表化。

（2）汽车维护主要包括清洁、补给、检查、润滑、紧固和调整等。

（3）汽车维护主要应严密作业组织,严格遵守操作规程,广泛应用新技术、新材料、新工艺,及时修复或更换零部件,保证配合状态和延长使用寿命。

（4）在汽车全部维护工作中,要加强科学管理,建立和健全维护的原始记录统计制度。

汽车维护分为例行维护和计划维护。例行维护的内容和时机与汽车行驶里程无关,如日常维护、换季维护和走合期维护等。计划维护的内容和时机与汽车行驶里程有关,如一级维护、二级维护等。在计划维护中,维护作业按计划强制执行的称为定期维护,定期维护是根据技术状况的变化规律及故障统计分析,规定出相应的维护周期,每隔一定的时间(或里程)对汽车进行一次按规定作业内容执行的维护;如果维护作业是按定期检查的结果按需执行的称为按需维护。按需维护是以故障机理分析为基础,通过诊断或检测设备,定期或连续地对汽车技术状况进行诊断或检查,根据检查结果来组织维护工作。比如说二级维护时要确定附加作业项目就属于按需维护。

1. 日常维护

日常维护是各级维护的基础,是属于预防性的作业。其作业内容是清洁、补给和安全检查,及时发现和排除运行中的故障,确保每日的正常运行安全。图1-6为日常检查的部位。

图1-6　日常检查的部位

车辆的日常维护是驾驶人必须完成的日常性工作,主要内容是:坚持三检,即出车前、行车中、收车后检视车辆的安全机构及各部机件连接的紧固情况;防止四漏,即防止漏水、漏油、漏气、漏电;保持五清,即保持机油、空气、燃油滤清器、蓄电池的清洁和保持车容整洁。

图1-7所示为检查机油液位,图1-8所示为添加冷却液。

图1-7 检查机油液位

图1-8 添加冷却液

专家提醒

在检查机油液位时,为了防止机油滴在发动机上,毛巾要放到机油尺孔边接住机油尺,检查时,机油尺与水平位置呈45°夹角。检查机油液位的同时检查机油的质量。

2. 一级维护

一级维护由专业维修工负责执行。其作业中心内容除日常维护作业外,以清洁、润滑、紧固为主,并检查有关制动、操纵等安全部件。图1-9所示为蓄电池的检查,图1-10所示为轮胎气压的检查。

图1-9 蓄电池检查

图1-10 轮胎气压检查

3. 二级维护

二级维护由专业维修工负责执行。二级维护作业中心内容除一级维护作业外,以检查调整转向节、转向节臂、制动蹄片、悬架等经过一定时间的使用容易磨损或变形的安全部件为主,并拆检轮胎,进行轮胎换位,检查高速发动机工作状况和排气污染控制装置等。图1-11所示为驱动轴护套检查。

二级维护必须按期执行,二级维护前做检测和诊断(图1-12),确定二级维护附加作业内容,并做好维护后的检测,二级维护竣工检测必须由取得检测许可的汽车综合性能检测站完成。

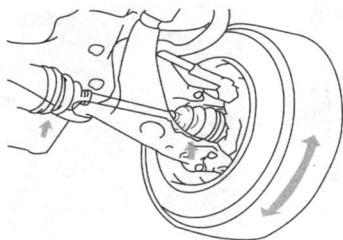

| 图 1-11　驱动轴护套检查 | 图 1-12　维护前诊断 |

4. 走合维护

走合期(图 1-13)是新车或大修后汽车运行初期,为改善零件摩擦表面几何形状和表面层物理力学性能的过程。新车、大修车以及装用大修发动机的汽车走合期必须遵守如下规定。

(1)走合期里程不得少于 1000km(如图 1-14 仪表里程显示)。

| 图 1-13　走合期 | 图 1-14　仪表里程显示 |

(2)在走合期内,应选择较好的道路并限速减载运行,一般汽车按载质量标准减载 20% ~ 25%,并禁止拖带挂车。

(3)在走合期内,驾驶人必须严格执行驾驶操作规程,保持发动机正常工作温度,走合期内严禁拆除发动机限速装置。

(4)走合期内认真做好车辆日常维护工作,经常检查、紧固各部外露螺栓、螺母,注意各总成在运行中的声音和温度变化,及时进行调整。

(5)走合期满后,应进行一次走合维护,其作业项目和深度参照制造厂的要求进行。

(6)进口汽车按制造厂的走合规定进行。

5. 换季维护

车辆在低温条件下使用时,应采取以下措施。

(1)车辆在低温条件下停放时,应采取防冻、保温措施(图 1-15);使用前应预热。

(2)各总成和轮毂轴承换用冬季润滑油(脂),制动系统换用冬季用制动液。柴油发动机使用低凝点柴油。

(3)调整发电机调节器,增大发电机充电电流。注意保持蓄电池电解液的合适相对密度和蓄电池的温度。

(4)发动机罩和散热器前加装保温套,注意保持正常工作温度。

(5)使用防冻液时,应掌握其正确的使用方法。

(6)在冰雪路面行驶时,应采用有效的防滑措施(图 1-16)。

图 1-15　防冻、保温措施

图 1-16　安装防滑链

车辆在高温条件下使用时,应采取以下措施。

(1)对汽油发动机供油系统,采取隔热、降温等有效措施,防止气阻。

(2)加强冷却系统的维护,清除水垢,保持良好的冷却效果。行车中注意勿使发动机过热。

(3)各总成和轮毂轴承换用夏季润滑油(脂)。制动系统换用夏季制动液。

(4)调整发电机调节器,减小充电电流。检查调整蓄电池电解液相对密度,保持液面高度和通气孔畅通。

(5)行车途中经常检查轮胎湿度和气压,不得采取放气或冷水浇泼的方法降低轮胎的气压和温度。

三、汽车修理

车辆修理应贯彻视情修理的原则,即根据车辆检测诊断和技术鉴定的结果,视情按不同作业范围和深度进行,既要防止拖延修理造成车况恶化,又要防止提前修理造成浪费。

1. 汽车修理的分类

车辆修理按作业范围可分车辆大修、总成大修、车辆小修和零件修理。

(1)车辆大修(图 1-17),是新车或经过大修后的车辆,在行驶一定里程(或时间)后,经过检测诊断和技术鉴定,用修理或更换车辆任何零部件的方法,恢复车辆的完好技术状况,完全或接近完全恢复车辆寿命的恢复性修理。

(2)总成大修(图 1-18),是车辆的总成经过一定使用里程(或时间)后,用修理或更换总成任何零部件(包括基础件)的方法,恢复其完好技术状况和寿命的恢复性修理。

图 1-17　车辆大修

图 1-18　总成大修

（3）车辆小修（图1-19），是用修理或更换个别零件的方法，保证或恢复车辆工作能力的运行性修理，主要是消除车辆在运行过程或维护作业过程中发生或发现的故障或隐患。

（4）零件修理（图1-20），是对因磨损、变形、损伤等而不能继续使用的零件进行修理。

图1-19 车辆小修

图1-20 零件修理

2. 车辆和总成大修的送修标志

1）汽车大修送修标志

客车以车厢为主，结合发动机总成；货车以发动机总成为主，结合车架总成或其他两个总成符合大修条件。

2）挂车大修送修标志

（1）挂车车架（包括转盘）和货厢符合大修条件。

（2）定车牵引的半挂车和铰接式大客车，按照汽车大修的标志与牵引车同时进厂大修。

3）总成大修送修标志

（1）发动机总成：汽缸磨损圆柱度达到 0.075～0.250mm 或圆度已达到 0.050～0.063mm（以其中磨损量最大的一个汽缸为准）；最大功率或汽缸压力较标准降低 25% 以上；燃料和润滑油消耗量显著增加。

查一查

自己翻阅各种车型的维修手册，看看各种车型的发动机总成大修送修标准参数是否相同，为什么不同厂家的汽缸磨损标准不同，同时学习维修手册的使用。

（2）车架总成：车架断裂、锈蚀、弯曲、扭曲变形逾限，大部分铆钉松动或铆钉孔磨损，必须拆卸其他总成后才能进行校正、修理或重铆，方能修复。

（3）变速器（分动器）总成壳体变形、破裂，轴承承孔磨损边限，变速齿轮及轴恶性磨损、损坏，需要彻底修复。

（4）后桥（驱动桥、中桥）总成：桥壳破裂、变形，半轴套管承孔磨损逾限，减速器齿轮恶性磨损，需要校正或彻底修复。

（5）前桥总成：前轴裂纹、变形，主销承孔磨损逾限，需要校正或彻底修复。

（6）客车车身总成：车厢骨架断裂、锈蚀、变形严重，蒙皮破损面积较大，需要彻底修复。

（7）货车车身总成：驾驶室锈蚀、变形严重、破裂，或货厢纵、横梁腐朽，底板、栏板破损面积较大，需要彻底修复。

3. 汽车零件的损伤

汽车零件损伤会导致功能降低和有严重损伤或隐患,继续使用会失去可靠性及安全性。引起零件损伤的原因很多,主要可分为工作条件(包括零件的受力状况和工作环境)、设计制造(设计不合理、选材不当、制造工艺不当等)以及使用与维修不当等三个方面。汽车零件的损伤有磨损、疲劳断裂、变形、腐蚀及老化5类。

汽车零件损伤分类、内容及特征现象见表1-1。

汽车零件损伤分类、内容及特征现象　　　　　　　　　　　表1-1

损伤类型	损伤模式	内　　容	特　征	举　例
磨损	磨料磨损	物体表面与硬颗粒或硬质凸出物相互摩擦引起表面材料损伤的现象	刮伤、沟槽	汽缸壁工作表面磨损(图1-21 汽缸壁磨损)
	黏着磨损	摩擦副相对运动时,由于固相焊合作用的结果,造成接触面金属损耗的现象	鱼鳞片状、擦伤	曲轴"抱轴"
	表面疲劳磨损	两接触表面在交变接触压应力的作用下,材料表面因疲劳而产生物质损伤的现象	麻点、剥落	齿轮表面和轴承(图1-22 疲劳点蚀)
	腐蚀磨损	零件表面在摩擦过程中,表面金属与周围介质发生化学或电化学反应出现物质损伤的现象	形成膜、颗粒	汽缸套的低温腐蚀
疲劳断裂	高应力低周疲劳	零件所受应力高于最高承受应力在低周期内发生的疲劳损伤现象	裂纹、断裂	设计缺陷或超负载(图1-23 半轴断裂)
	低应力高周疲劳	零件在低应力作用下,应力循环次数 $N_f \geq 10^4$ 次使零件疲劳损伤的现象	裂纹、断裂	曲轴断裂、齿轮轮齿折断(图1-24 裂纹)
	腐蚀疲劳	金属受到酸碱的腐蚀,一些部位的应力就比其他部位高得多,加速裂缝的形成的现象	裂纹、断裂	机油变质导致腐蚀金属零件
	热疲劳	金属零部件温度变化在内部产生交变热应力,在此交变应力反复作用下零部件遭到破坏的现象	裂纹、断裂	发动机汽缸壁、曲轴轴承
腐蚀	化学腐蚀	金属零件与介质直接发生化学作用而引起的损伤的现象	锈蚀	零件锈蚀(图1-25 锈蚀)
	电化学腐蚀	电化学腐蚀是两个不同的金属在一个导电溶液中形成一对电极,产生电化学反应而发生腐蚀的作用,使充当阳极的金属被腐蚀	锈蚀、硬化	制动蹄片表面硬化
	穴蚀	金属材料表面与流动液体相接触的特殊区域,呈麻点坑穴或泡沫状海绵剥落	锈蚀、孔穴	湿式汽缸套外壁麻点、孔穴
变形	弹性变形	零件在外力作用下发生弹性挠曲,其挠度超过许用值而破坏零件间相对位置精度的现象	弯曲、扭曲	曲轴弯曲
	塑性变形	零件的工作应力超过材料的屈服极限因塑性变形而导致的损伤现象	扭曲、变长	花键扭曲、螺栓拉长
	蠕变	材料在一定应力(或载荷)作用下,随时间延长,变形不断增加的现象	弯曲、扭曲	凸轮轴弯曲
老化	龟裂、变硬	橡胶、塑料制品和电子元件随着时间的增长,原有的性能会逐渐衰退的现象	裂纹、鼓包	橡胶轮胎、塑料器件(图1-26 龟裂)

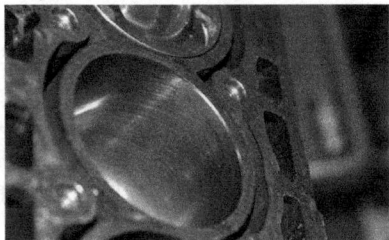

图1-21 汽缸壁磨损

图1-22 疲劳点蚀

图1-23 半轴断裂

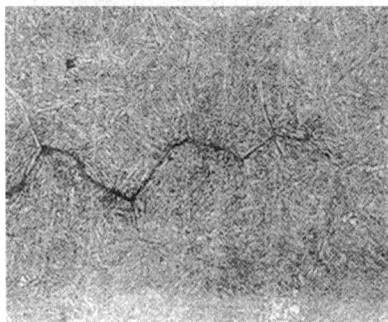

图1-24 裂纹

图1-25 锈蚀

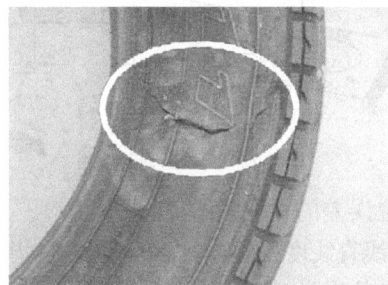

图1-26 龟裂

4. 汽车零件的检验

通过检验,根据修理技术条件,按零件技术状况将汽车零件划分为可用零件、待修零件和报废零件。

可用零件。可用零件是指虽有一定的损伤,但其尺寸、形状和位置误差均在允许范围内,符合大修技术标准,仍可以继续使用的零件。

待修零件。待修零件是指损伤已超出允许范围,不符合大修技术标准,经过修复可以继续使用的零件。

报废零件。报废零件是指损伤已超出允许范围,不符合大修技术标准,经过修复也不能继续使用的零件。

汽车零件的检验方法可以根据检验技术要求的不同,分为外观检验、几何尺寸测量、零件位置公差测量及零件隐伤的检验等。

1)零件外观检验

零件外观的检验是不用量具、仪器,仅凭检验人员的感官感觉和经验来鉴别零件的技术状况的方法。

零件外观的检验具有方法简便,精度不高,不能进行定量检验的特点,适用于分辨缺陷明显或精度不高的零件。外观检验包括破裂、划痕、锈蚀等。

2)几何尺寸的检验

圆度误差值:以同一横截面上测得的最大与最小直径差的一半作为圆度误差值。即:

$$圆度 = \frac{同一截面最大值 - 最小值}{2}$$

圆柱度误差值:圆柱度误差的测量,在汽车维修中常以沿轴线长度上任意方位和任意截面测得的最大最小直径差的一半作为圆柱度误差值。即:

$$圆柱度 = \frac{任意一截面最大值 - 最小值}{2}$$

如图1-27所示为汽缸磨损的检测,图1-28所示为凸轮磨损检测。

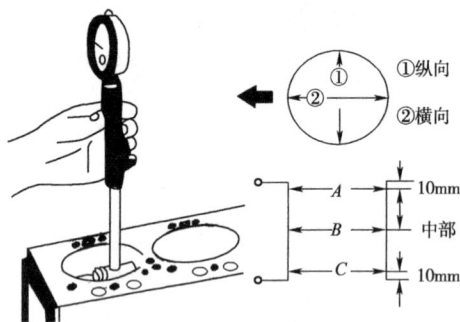

图1-27 汽缸磨损的检测

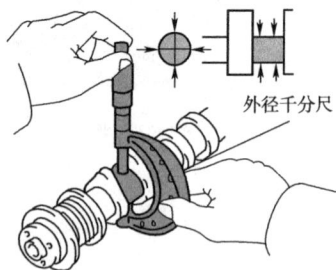

图1-28 凸轮轴颈磨损检测

3)形位误差的检验

(1)轴线直线度检验:轴线的直线度是指轴线中心要素的形状误差。在实际的检测中,轴线的直线度误差常用简单的径向圆跳动来代替,这样获得的检测结果是近似的,但是在汽车维修检测中,已经能够满足技术要求的精确度。直线度的检测多用于轴类零件或孔类零件的检测,特别是在工作时受力易于产生弯曲变形的零件上,图1-29所示为凸轮轴弯曲检测。

(2)平面度检验:零件的平面度表示实际平面的不平程度,是零件表面的形状公差。在汽车维修过程中,平面度检验一般采用直尺和塞尺法,图1-30所示为汽缸盖和汽缸体平面度的检测。

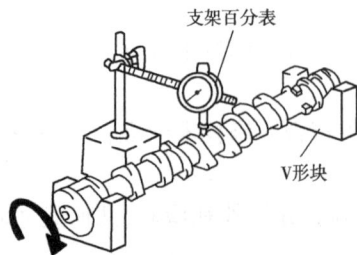

图1-29 凸轮轴弯曲检测

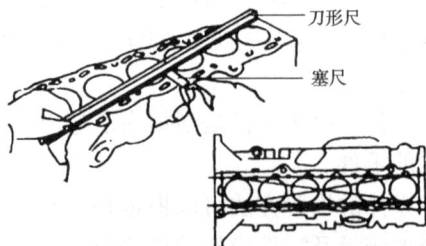

图1-30 汽缸盖和汽缸体平面度的检测

(3)平行度检验:在汽车的零件中,轴线间的平行度公差使用较多。其中以汽缸体、变速器壳体、主减速器壳体等零件上的各轴承孔轴线之间都是用平行度公差来标注的。

4）零件隐伤的检验

（1）磁力探伤：适用于铁磁材料隐伤的检验，在零件表面撒以磁性铁粉，铁粉便被磁化并吸附在零件表面，从而显现出裂纹的形状和大小，图1-31所示为磁力探伤仪。

（2）渗透探伤：用于非磁性材料零件的开口缺陷的检验。将清洗过的零件浸泡在具有高度渗透能力的渗透剂

图1-31 磁力探伤仪

（图1-32）中，然后用温水将表面多余渗透剂冲刷并烘干，再均匀涂上一层显像剂。在显像剂的毛细作用下，残余在缺陷中渗透剂被吸附到表面上来，从而显示出缺陷。

（3）水气压试验：发动机缸体、缸盖和散热器等零件的裂纹的检验，通常采用水气压试验的方法进行。图1-33所示为散热器泄漏测试。

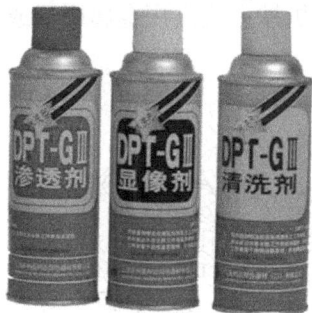

图1-32 渗透探伤剂

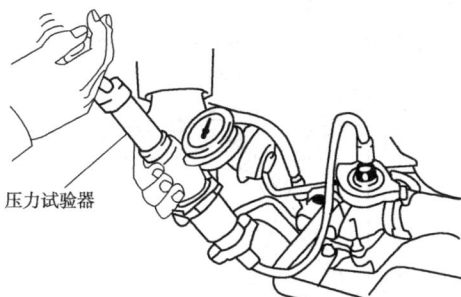

压力试验器

图1-33 散热器泄漏测试

专家提醒

在做散热器泄漏测试前，一定要查阅该车型的维修手册，看看加到散热器的气压是多少，然后根据维修手册规定加压，避免加压过大导致冷却系统产生泄漏。

5.汽车零件清洗

在汽车维护和检修中，零件的清洗是一项比较重要的工作。当各总成拆成零件后，要清除零件的油污、积炭和水垢等，使总成和整车装配得以顺利进行。清除污垢、洗涤汽车及其总成和零部件的里表，可以及时发现问题（如异常磨损、裂痕、松脱等），从而采取相应措施，防止发生安全隐患。

汽车的零部件清洗方法分为冲洗、蒸气洗、溶剂洗、化学洗和超声波清洗等。零件的污垢包括：外部沉积物、润滑材料的残留物。由于这些污垢各有不同的性质和特点，且往往都具有较高的附着力，从表面清除它的难易程度和方法不尽相同，但经过清洗应达到以下要求。

（1）表面应该一尘不染、无残存的油渍和水垢黏附物，直观感清新爽目。

（2）所有配件表面无异物、污垢、杂质；清除积炭后能显出金属本色、无刮痕。

（3）各种油管、水管、气管应确保清洁畅通，无积炭、水垢、结胶和异物堵塞。

（4）所有防护和过滤装置内保持洁净、隔尘、消声、过滤功能自如。

零件清洗方法如下。

（1）用煤油、柴油作清洗剂：零部件放入网筛中，用钢丝刷洗涤，油泥沉渣通过网筛漏入槽底；零件清洗后晾干或压缩空气吹干。

（2）蒸汽清洗：汽车上的基础件如缸体、变速器、主减速器等油垢多而且笨重，采用蒸汽清洗效率高、洗涤质量好。

（3）化学清洗：是以酸、碱类化工产品为清洗液进行洗涤。对锈斑、水垢有较好的清除效果，但其腐蚀作用强，有色金属和非金属制品不宜采用。

（4）溶液循环清洗：如发动机润滑油道中的油垢和冷却系统水道中的水垢（图1-34），多采用溶液循环法清洗，通过酸或碱作用，使污垢从不溶解物质变成溶解物质，再用水冲刷掉。

（5）积炭的清洗：积炭的成分很复杂，其中以不易挥发的成分居多，如沥青质、焦油质等，发动机工作温度越高，不易挥发成分的含量越高，则生成的积炭层越坚硬，与金属的结合也越牢固，通常采用机械方法或化学溶液软化溶解后清除。机械方法是用金属刷子或刮刀来清除，清除时不能损伤零件表面（图1-35）。

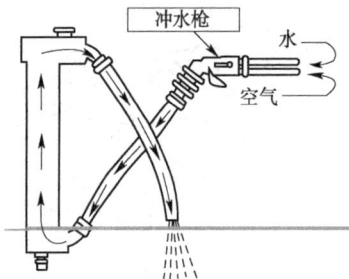

图1-34　清洗散热器

图1-35　清洁汽缸盖和汽缸体平面

（6）汽车零件清洗机清洗：一定频率范围内的声波作用于液体介质内可起到清洗工件的作用，这一清洗技术自问世以来，受到了各行各业的普遍关注。利用超声波技术的物理清洗作用及清洗介质的化学作用两者的完美结合，并优化选择超声频段及功率密度，实现对各种零部件内外部油污、积炭、胶质等污物充分、彻底的清洗。国外还采用微波清洗超声波技术，使被清洗的零件在微波的作用下，表面形成空穴，再使油污、油漆自行脱落。因此，在汽车维护中应大力推广这些新超声波技术。

超声波清洗技术在汽车发动机汽缸体及零部件清洗中的超声波应用，与传统清洗方式相比，超声波清洗的优点有清洗更彻底、操作安全、节约能源、工作效率高和清洗成本低等特点。

相关链接

超声波清洗温度一般采用中温（40～60℃），清洗液的选择需根据清洗对象选取不同的清洗液。清洗液有水基清洗液和溶剂型的清洗液两大类。目前水基清洗液得到越来越广的应用。除油可采用碱性、中性或酸性脱脂液；可采用磷酸等弱酸清洗锈及氧化皮。氟利昂、三氯乙烯、汽油等都是良好的清洗溶剂，但这些物质或污染环境、或毒害人体、或易燃易爆，使用中受到严格限制。

6.汽车零件的修复

1)机械加工修复法

(1)修理尺寸法。

修理尺寸法是修复配合副零件磨损的一种方法,它是将待修配合副的一个零件利用机械加工的方法恢复其正确几何形状并获得新的尺寸(修理尺寸),然后选配具有相应尺寸的另一配合件与之相配,恢复配合性质的一种修理方法。

修理尺寸法可适用于汽车许多主要零件,如曲轴、凸轮轴、汽缸、转向节主销孔等。由于零件强度及结构的限制,采用修理尺寸法到最后一级时,零件就应采用其他方法进行修理。不同零件的修理级别由设计时确定。图1-36所示为汽缸镗削和珩磨,图1-37所示为铰修气门座。

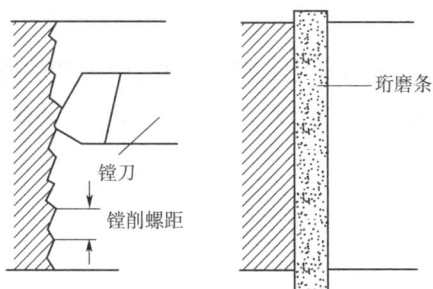

图1-36 汽缸镗削和珩磨

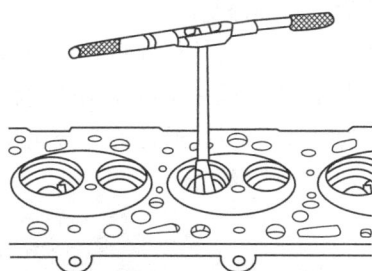

图1-37 铰修气门座

以发动机汽缸为例,如某一汽缸超过磨损极限,应进行镗缸修理。其修理级别可用下式确定:

$$n \geq \frac{D_{max} - D_0 + X}{\Delta D}$$

式中:n——镗削后修理尺寸的级数;

D_{max}——镗削前汽缸磨损的最大缸径,mm;

D_0——原厂汽缸的标准直径,mm;

X——汽缸的镗磨余量,一般取$0.10 \sim 0.20$mm;

ΔD——修理尺寸级差,mm。

(2)镶套修复法。

镶套修复法是对零件磨损部位进行加工整形后,再按过盈配合镶入一金属套以恢复零件公称尺寸的修理方法。

零件镶套修复法是汽车的零件修理必不可少的方法,如汽缸套、气门导管、气门座圈、飞轮齿圈及各种衬套的修复,都采用镶套修复法。

(3)零件的局部更换修理法。

具有多个零件工作面的汽车零件,由于各工作面在使用中磨损不一致,当某些部位损坏时,其他部位尚可使用,为防止浪费,可采用局部更换法。

局部更换法就是将零件需要修理(磨损或损坏)部分切除,重制这部分零件,再用焊接或螺纹连接方法将新换上的部分与零件基体连在一起,经最后加工恢复零件的原有性能的方法。

局部更换法常用于修复半轴、变速器第一轴或第二轴齿轮、变速器盖及轮毂等。此方法可获得较高的修理质量,节约贵重金属,但修复工艺较复杂,较少使用此方法。

(4)翻转修理法(换位法)。

有些零件由于使用的特点,通常产生单边磨损或磨损有明显的方向性。对称的另一边磨损较小的零件,可以利用零件未磨损的一边,将它换一个方向安装继续使用。翻转修理法常用来修复磨损的键槽、螺栓孔等。

2)焊修修复法

焊修法如图1-38所示,是利用电弧或气体火焰的热量,将焊条和零件金属熔化,使焊条金属填补在零件上,以修复零件的磨损、破裂、断裂的方法。

汽车零件的焊修能修复多种情况下零件的耗损,如磨损、破裂、断裂、凹坑、缺损等。汽车零件的焊修常采取焊接和堆焊修复的形式进行零件的修复。

3)喷涂与喷焊修复法

用高压、高速气流的热源将熔化的粉末或线状材料雾化成细小颗粒,以很高的速度喷敷到零件的表面,以形成一层覆盖层的过程,称为喷涂(图1-39)。喷涂可以喷金属或非金属。生产中多为喷金属材料,通常称为金属喷涂。

图1-38 焊修

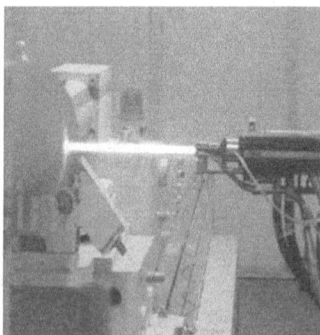

图1-39 喷涂

如在喷涂层上继续喷涂或第二次加热,使之达到熔融状态而与基体材料形成冶金结合,则称为喷焊。

金属喷涂和喷焊主要应用于恢复磨损零件的尺寸。如汽车的曲轴、缸套、半轴等。目前,喷涂、喷焊技术根据所用热源不同,可分为电弧喷涂、氧乙炔火焰喷涂、等离子弧喷涂、喷焊。汽车修理中应用较多的是氧乙炔火焰粉末喷涂、电弧喷涂、等离子弧喷涂和氧乙炔火焰喷焊。

4)电镀和刷镀

(1)电镀。

用电解方法使金属表面获得覆盖层的工艺称为电镀。由于电镀过程温度不高,不致使零件受损、变形,也不影响基体组织结构,且可以提高机械零件表面的硬度,改善零件表面性能,同时还可以恢复零件的尺寸,因此在汽车修理行业得到广泛应用。

电镀主要用于修复磨损量不大、精度要求高、形状结构复杂、批量较大和需要某种特殊镀层的零件。电镀需要特殊设备,生产周期较长,镀层厚度有一定的限制等缺点。在汽车修理中最常用的有各种铜套镀铜修复、活塞环多孔镀铬等。

(2)刷镀。

刷镀又称涂镀,就是利用刷子似的镀笔在被镀工件上来回摩擦而进行电镀的方法。

图 1-40 所示为刷镀示意图,其特点是设备简单,不需镀槽,可以在不解体或半解体的条件下快速修复零件,可以对轴、壳体、孔、花键槽等各类零件的修复。且镀层均匀、光滑、致密,尺寸精度容易控制,修理成本低,因此在修理行业得到广泛的推广和应用。

5)粘接修复法

粘接修复法是应用粘接剂(图 1-41)将两个物体或损坏的零件牢固地粘接在一起的一种修复方法。在汽车修理中常用于修复车身零件、粘补散热器、油箱和其他壳体上的穿孔和裂纹,也用于粘接制动蹄、离合器摩擦片及缸体的堵漏等。

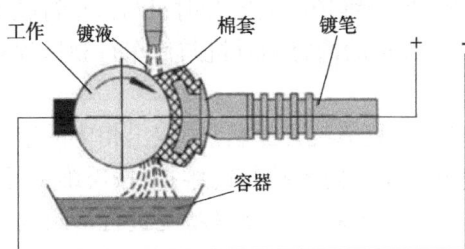

图 1-40 刷镀示意图

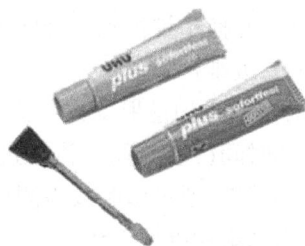

图 1-41 粘接剂

粘接剂种类繁多,有有机粘接剂如环氧树脂、酚醛树脂、Y-150 厌氧胶、J-19 高强度粘接剂等,无机粘接剂常用的是氧化铜粘接剂。

技能训练

汽车装配螺栓及工具认识

1.准备工作

(1)场地设施:汽车螺栓装配训练台架,各种规格的螺栓、螺钉。

(2)工具:常用工具套件,工具车。

2.实训过程

(1)学生认识各种螺栓,分清是什么规格,米制、英制;大小是多少;比如是内梅花还是外梅花,是内六角还是外六角。

(2)认识工具,每种工具的名称。

(3)根据不同的规格和大小选用正确的工具。

(4)各种工具在使用时正确的操作。

(5)初步感知各种预紧力的大小。

单元小结

(1)我国汽车工业虽起步较晚,但改革开放以后汽车工业发展迅速。

(2)虽然汽车维修行业存在定位认识不到位、市场秩序不规范、维修质量不保证、诚信度差、信誉度差、乱收费、从业人员素质低、技术水平低等问题,但是总体发展趋势还是比较迅速,初步形成了一个多渠道、多形式、多层次的汽车维修市场。

(3)现代汽车运用了机械、化工、液压、气动、物理、电子技术等许多现代技术,新技术的使用给维修技师提出了新的挑战。

(4)我国现行的维修制度,属于计划预防维修制度,规定车辆必须贯彻预防为主、定期检测、强制维护、视情修理的原则。

(5)汽车维护分为例行维护和计划维护。例行维护的内容和时机与汽车行驶里程无关,如日常维护、换季维护和走合期维护等。计划维护的内容和时机与汽车行驶里程有关,如一级维护、二级维护等。

(6)定期维护是根据技术状况的变化规律及故障统计分析,规定出相应的维护周期,每隔一定的时间(或里程)对汽车进行一次按规定作业内容执行的维护;按需维护是以故障机理分析为基础,通过诊断或检测设备,定期或连续地对汽车技术状况进行诊断或检查,根据检查结果来组织维护工作。

(7)日常维护主要内容是:坚持三检,防止四漏和保持五清。

(8)一级维护由专业维修工负责执行。其作业中心内容除日常维护作业外,以清洁、润滑、紧固为主,并检查有关制动、操纵等安全部件。

(9)二级维护必须按期执行,二级维护前作检测和诊断,确定二级维护附加作业内容,并做好维护后的检测,二级维护竣工检测必须由取得检测许可的汽车综合性能检测站完成。

(10)走合期是新车或大修后汽车运行初期,为改善零件摩擦表面几何形状和表面层物理力学性能的过程。

(11)车辆修理按作业范围可分车辆大修、总成大修、车辆小修和零件修理。

(12)引起零件损伤的原因很多,主要可分为工作条件、设计制造以及使用与维修不当等三个方面。汽车零件的损伤有磨损、疲劳断裂、变形、腐蚀及老化等五类。

(13)汽车零件的检验方法可以根据检验技术要求的不同,分为外观检验、几何尺寸测量、零件位置公差测量及零件隐伤的检验等。

(14)汽车的零部件清洗方法分为冲洗、蒸汽洗、溶剂洗、化学洗和超声波清洗等。零件的污垢包括:外部沉积物、润滑材料的残留物。

(15)汽车零件的修复方法有机械加工修复法、焊修修复法、喷涂与喷焊修复法、电镀和刷镀和粘接修复法等。

思考与练习

一、填空题

1.我国现行的维修制度,属于_____维修制度,规定车辆必须贯彻预防为主、_____、_____、视情修理的原则。

2.一般将汽车维护分为日常维护、_____和_____。

3. 一级维护由_____负责执行。其作业中心内容除日常维护作业外，以清洁、_____、_____为主，并检查有关制动、操纵等安全部件。

4. 走合期是_____或_____汽车运行初期，走合期里程不得少于_____ km，在走合期内，应选择较好的道路并_____运行，走合期满后，应进行一次_____。

5. 车辆修理按作业范围可分_____、_____、车辆小修和_____。

6. 引起零件损伤的原因很多，主要可分为_____、设计制造以及_____三个方面。汽车零件的损伤有_____、疲劳断裂、_____、腐蚀及_____五类。

7. 汽车零件的检验方法可以根据检验技术要求的不同，分为外观检验、_____、零件位置公差测量及_____的检验等。

二、选择题

1.（　　），国产第一辆"解放"牌载货汽车在第一汽车制造厂诞生。

　　A. 1929 年 7 月　　　B. 1953 年 7 月　　　C. 1949 年 7 月　　　D. 1956 年 7 月

2. 在维修中心负责迎接顾客的人员是（　　）。

　　A. 维修经理　　　B. 高级技师　　　C. 维修顾问　　　D. 配件经理

3.（　　）只维修汽车的一个或两个系统。

　　A. 经销店　　　B. 独立维修厂　　　C. 专修店　　　D. 车队维修部

4. 现代维修是以（　　）为主的电控技术维修。

　　A. 传统经验　　　B. 主观判断　　　C. 逐个换新件　　　D. 仪器检测诊断

三、简答题

1. 简述汽车维修行业存在的基本问题。

2. 简述发动机总成大修的送修标志。

3. 磨损分别有哪些磨损形式？分别说明各种磨损的内容及特征，并举例说明。

4. 写出圆度和圆柱度的计算公式，并列举哪些汽车零件检验时用到圆度和圆柱度。

5. 简述零件清洗的方法。清洗后应达到哪些要求？

单元二 维修人员职业素养

学习目标

完成本单元学习后,你应该能:

1. 了解7S的内容、含义及要求;

2. 在工作中真正的按7S的要求规范自己,养成良好的习惯;

3. 知道个人安全包含哪些内容,如何做到保护个人安全;

4. 了解在工作中要养成哪些良好的职业习惯;

5. 清楚火灾的类别,学会正确灭火;

6. 知道常见的危险废弃物种类和处理方法,预防感染。

建议学时:8学时

一、7S管理内容及要求

7S活动是企业现场各项管理的基础活动,它有助于消除企业在生产过程中可能面临的各类不良现象。7S活动在推行过程中,通过开展整理、整顿、清扫等基本活动,使之成为制度性的清洁,最终提高员工的职业素养。因此,7S活动对企业的作用是基础性的,也是不可估量的。7S活动是环境与行为建设的管理文化,它能有效解决工作场所凌乱、无序的状态,有效提升个人行动能力与素质,有效改善文件、资料、档案的管理,有效提升工作效率和团队业绩,使工序简洁化、人性化、标准化。

(一)7S的起源

7S是在5S的基础上形成的。5S起源于日本,第二次世界大战后,日本企业将5S运动作为管理工作的基础,推行各种品质管理手法,产品品质得以迅速地提升,而在丰田公司的倡导推行下,5S对于塑造企业的形象、降低成本、准时交货、安全生产、高度的标准化、创造令人心旷神怡的工作场所、现场改善等方面发挥了巨大作用,逐渐被各国的管理界所认识。随着世界经济的发展,5S已经成为工厂管理的一股新潮流。根据企业进一步发展的需要,有的公司在原来5S的基础上又增加了节约(Save)及安全(Safety)这两个要素,形成了"7S"。

(二)7S的具体含义

(1)整理(Sort):区分要用与不要用的物资、把不要的清理掉。

(2)整顿(Straighten):要用的物资依规定定位、定量摆放整齐、标明识别。

(3)清扫(Sweep):清除职场现场内的脏污、垃圾、杂物,并防止污染的发生。

(4)清洁(Sanitary):将前3S实施的做法制度化、规范化、执行并维持良好成果。

(5)素养(Sentiment):人人依规定行事、养成好习惯。

(6)安全(Safety):人人都为自身的一言一行负责的态度、杜绝一切不良隐患。

(7)节约(Save):对时间、空间、原料等方面合理利用,以企业主人的心态发挥它们的最大效能。

(三)推行7S的目的

(1)改善和提高企业形象。

(2)提高生产效率。

(3)确保生产安全性。

(4)减少直至消除故障。

(5)保障员工安全生产。

(6)降低生产成本。

(7)改善员工精神面貌,使组织活力化。

(8)缩短作业周期,确保交货期。

(四)7S的具体内容

1. 整理

如图2-1和图2-2所示,整理就是彻底地将要与不要的东西区分清楚,并将不要的东西加以处理,它是改善生产现场的第一步。需对"留之无用,弃之可惜"的观念予以突破,必须挑战"好不容易才做出来的""丢了好浪费""可能以后还有机会用到"等传统观念,经常对"所有的东西都是要用的"观念加以检讨。

图2-1 整理　　　　图2-2 清除不需要的工具

整理的目的是:改善和增加作业面积;现场无杂物,行道通畅,提高工作效率;消除管理上的混放、混料等差错事故,防止误用等;有利于减少库存、节约资金。

2. 整顿

如图2-3和图2-4所示,整顿是把经过整理出来的需要的人、事、物加以定量、定位,简而言之,整顿就是人和物放置方法的标准化。整顿的关键是要做到定位、定品、定量。

抓住了上述几个要点,就可以制作看板,做到目视管理,从而提炼出适合本企业的东西放置方法,进而使该方法标准化。

整顿活动的目的是:使工作场所整洁明了,一目了然,减少取放物品的时间,提高工作效率,保持井井有条的工作秩序区。如图 2-5 未整顿和图 2-6 已整顿对比,整顿后给人一种整洁明了,心情愉快的感觉。

图 2-3　整顿

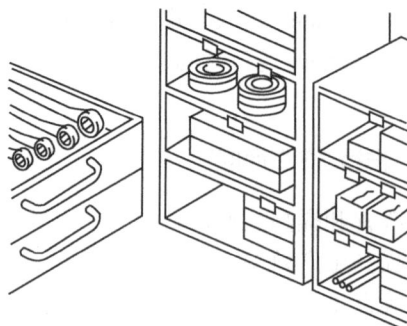

图 2-4　整顿的效果

图 2-5　未整顿

图 2-6　已整顿

3. 清扫

如图 2-7 所示,清扫就是彻底地将自己的工作环境四周打扫干净,设备异常时马上维修,使之恢复正常。清扫活动的重点是必须按照清扫对象、清扫人员、清扫方法准备清扫器具,实施清扫的步骤,这样才能真正达到效果(图 2-8)。

图 2-7　清扫

图 2-8　清扫后的效果

清扫活动应遵循下列原则：

（1）自己使用的物品如设备、工具等，要自己清扫而不要依赖他人，不增加专门的清扫工。

（2）对设备的清扫，着眼于对设备的维护，清扫设备要同设备的点检和维护结合起来。

（3）清扫的目的是改善，当清扫过程中发现有油水泄漏等异常状况发生时，必须查明原因，并采取措施加以改进，而不能听之任之。

清扫的目的是：使员工保持一个良好的工作情绪，并保证稳定产品的品质，最终达到企业生产零故障和零损耗。

4. 清洁

如图 2-9 所示，清洁是指对整理、整顿、清扫之后的工作成果要认真维护，使现场保持完美和最佳状态。清洁，是对前三项活动的坚持和深入。如果不清洁，就算开始的 3S 做得再好，最后也会凌乱不堪（图 2-10）。

图 2-9　清洁　　　　　　　　图 2-10　不清洁的现场

清洁活动实施时，需要秉持三观念：

（1）只有在清洁的工作场所才能产生高效率、高品质的产品。

（2）清洁是一种用心的行为，千万不要在表面下功夫。

（3）清洁是一种随时随地的工作，而不是上下班前后的工作。

清洁的要点原则是：坚持"3 不要"的原则，即不要放置不用的东西，不要弄乱，不要弄脏；不仅物品需要清洁，现场工人同样需要清洁；工人不仅要做到形体上的清洁，而且要做到精神的"清洁"。

清洁活动的目的是：使整理、整顿和清扫工作成为一种惯例和制度，是标准化的基础，也是一个企业形成企业文化的开始。

5. 素养

如图 2-11 所示，素养即教养，努力提高人员的素养，养成严格遵守规章制度的习惯和作风，这是"7S"活动的核心。没有人员素质的提高，各项活动就不能顺利开展，开展了也坚持不了。所以，抓"7S"活动，要始终着眼于提高人的素质。

素养活动的目的是：通过素养让员工成为一个遵守规章制度，并具有一个良好工作素养习惯的人（图 2-12）。

图 2-11 素养　　　　　　　　图 2-12 养成好的行为习惯

6. 节约

如图 2-13 所示,节约就是对时间、空间、能源等方面合理利用,以发挥它们的最大效能,从而创造一个高效率的、物尽其用的工作场所。

关水　　　关电

图 2-13 节约

节约活动实施时应该秉持三个观念:

(1)能用的东西尽可能利用。

(2)以自己就是主人的心态对待企业的资源。

(3)切勿随意丢弃,丢弃前要思考其剩余的使用价值。

节约是对整理工作的补充和指导,在企业中秉持勤俭节约的原则,就是对时间、空间、能源等方面合理利用,以发挥它们的最大效能,从而创造一个高效率的,物尽其用的工作场所。

节约活动的目的是:提高经济效益,降低管理成本。

7. 安全

安全就是要维护人身与财产不受侵害,以创造一个零故障、无意外事故发生的工作场所(图 2-14)。

实施的要点是:不要因小失大,应建立健全各项安全管理制度;对操作人员的操作技能进行训练;勿以善小而不为,勿以恶小而为之;全员参与,排除隐患,重视预防。

安全活动的目的是:保障员工的人身安全,保证生产的连续安全正常进行,同时减少因安全事故而带来的经济损失。图 2-15 是因操作不当导致车辆从举升机上掉下来的事件。

图 2-14 安全

图 2-15 举升不当导致车辆损坏

推行7S应经历三个阶段:形式化—行事化—习惯化。等到习惯化阶段,一切事情就变成了自然,也就成了企业活动的准则(标准)了。培养员工良好的7S习惯,是推行7S的最终目的,是成功推行7S的标志。

相关链接

7S可以用以下的简短语句来描述:

整理:要与不要,一留一弃; 整顿:科学布局,取用快捷;

清扫:清除垃圾,美化环境; 清洁:形成制度,贯彻到底;

素养:形成制度,养成习惯; 节约:消除不良,杜绝浪费;

安全:安全操作,生命第一。

二、安全、环保和规范知识

(一)个人安全

个人安全就是保护自己免受伤害,包括使用防护装置、穿戴安全、职业行为和正确使用工具及设备。

1.眼睛保护

当工作环境存在损伤眼睛的风险时,就要戴上安全眼镜(图2-16)。安全眼镜的镜片要用安全玻璃制成,还要对眼部侧面进行防护。普通眼镜不能作为安全眼镜使用。例如磨气门时,就应该戴安全眼镜,防止金属颗粒进入眼睛中。当眼睛进入灰尘或少量液体时,要在洗眼台上清洗(图2-17),然后迅速到医院就医。

2.服装

工作时穿着的服装不但要合适舒适,还要结实(图2-18)。宽松的服装很容易被运动的零件和机器挂住,也不要系领带,不要将工作服套在自己的衣服外面。

3.头发和配饰

蓬松的长发和悬挂的饰物也很容易被运动的机器挂住引发事故。如果头发很长,工作时就应该将其扎在脑后,或者塞到帽子里。

4. 鞋

维修汽车时重物有可能意外掉落砸到脚上,所以要穿用皮革或类似材料做成的并具有防滑底的鞋或靴子,铁头安全鞋(图2-19)可以增强对脚的保护,运动鞋、休闲鞋和凉拖鞋都不适合在车间穿。

图2-16 安全眼镜

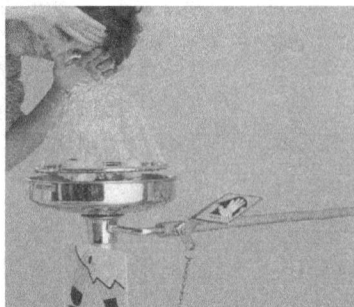
图2-17 洗眼台

图2-18 正确穿工作服

图2-19 安全鞋

5. 手套

维修人员常常忽视对手的保护,戴手套不仅可以保护手,避免损伤手,防止通过手染上疾病,也可以使手保持干净。有多种不同的手套可以供选戴。进行磨削、焊接作业或拿高温物件时,应该戴上厚手套(图2-20)。在处理强腐蚀性或危险性化学物品时,应该戴上聚亚安酯或维尼龙手套,戴上乳胶手套和丁腈橡胶手套可以防止油污沾到指甲上,以预防疾病。在操作旋转的工具或者工作在一个有旋转运动的地方时,不要戴手套(图2-21)。

图2-20 厚手套

操作旋转的工具或者工作在一个有旋转运动的地方时,不要戴手套

图2-21 不戴手套场景

6. 耳朵保护

在噪声级很高的场合停留时间过长,会导致听力丧失。在经常有噪声的环境里,应该戴上耳罩或耳塞(图2-22)。

7. 呼吸保护

汽车维修经常在有毒化学气体环境中。不论是暴露在有毒气体中还是过量尘埃中,都要戴上呼吸器或呼吸面罩(图2-23)。用清洗剂清洗零部件和喷漆是最常见的需要戴上呼吸面罩进行的作业。

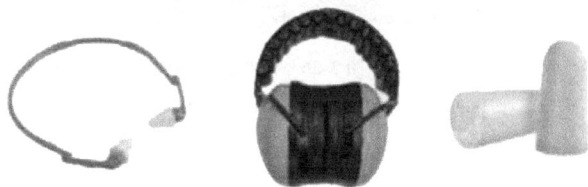

图2-22 各种耳罩和耳塞

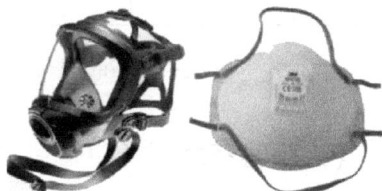

图2-23 呼吸器和呼吸面罩

8. 举升和搬运

如图2-24所示,掌握举升和搬运重物的正确方法非常重要。举升和搬运重物时,也要采取保护措施,对搬运物品的尺寸和质量没有把握时,应找人帮忙。

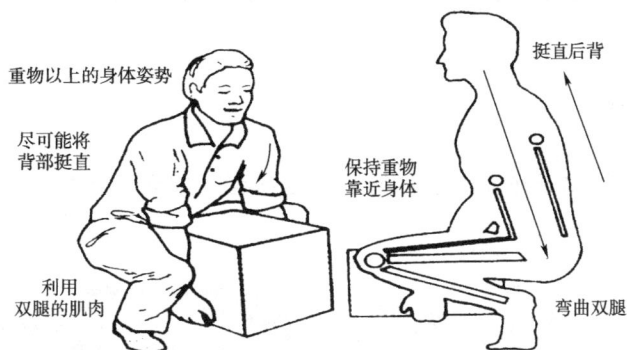

图2-24 举升重物要用腿部肌肉而不用背部肌肉

9. 伤害事故的应急措施

预防事故和伤害的唯一办法是遵守安全规则和规章制度。汽车维修工作场所每年会发生上千起事故和伤害事件,甚至还有死亡事件。最常见的伤害有裂伤、割伤、滑倒、摔跤、眼伤、拉伤、疝气及背伤。

如果有人受伤,应立即通知主管。每个维修车间都必须有紧急情况处理程序,每个人都应知道该程序。若可能,应有经过培训的人员提供急救。维修车间内每个人都应清楚紧急呼叫电话号码的张贴位置(图2-25)、疏散路径、急救箱(图2-26)、洗眼站和安全淋浴的位置。

图 2-25　紧急电话号码

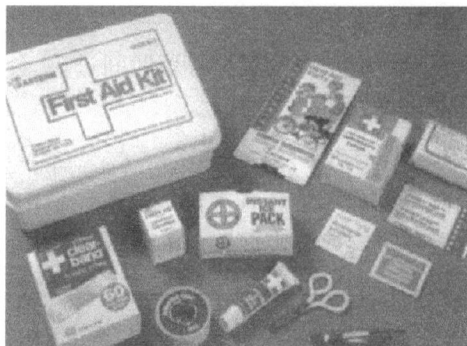

图 2-26　急救箱及物品

(二)职业行为

1.车辆防护

(1)预检工作检查前将地板垫、防护罩等放入用户的车辆内,防止灰尘或划伤,用车轮挡块挡住车轮,准备开始检查(图2-27)。

(2)进入驾驶人座椅位置检查时,安装五件套,即地板垫、座椅套、转向盘套、换挡手柄套和驻车制动手柄套(图2-28)。

(3)到车辆前部检查发动机舱内时,安装前格栅布和翼子板布。

专家提醒

　　检查前照灯时,翼子板布或前格栅布切勿覆盖!起动发动机时,前格栅布不能遮挡前格进气栅!

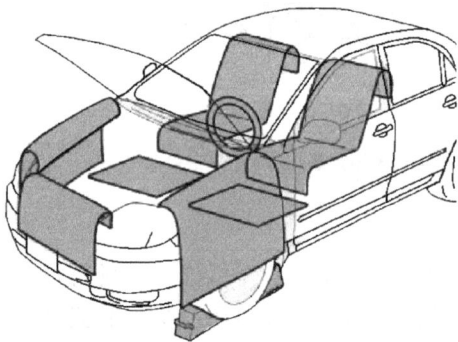

图 2-27　检查前车辆防护

图 2-28　安装五件套

2.职业习惯

许多工伤事故都是由杂乱无章引起的。在凌乱的工作场所,常常会发生因跌倒、绊倒、滑倒而导致受伤的事故。因此我们有责任妥善保管好设备、工具、部件和车辆,以保护自己和他人不受到伤害。

良好的职业习惯和工作方式就能预防事故发生。在修理车间工作时,应该遵守的一些注意事项如下。

(1)在维修汽车或使用车间的机器时,不要吸烟(图2-29)。

(2)为了预防皮肤被烧伤,应使皮肤远离高温金属零件,如散热器、排气歧管等。

(3)在散热器周围进行作业时,先将发动机冷却风扇电路断开,防止他人误使风扇转动。

(4)维修液压系统时,先将压力以安全方式释放掉。

(5)保管好所有的配件和工具,将它们放在不会绊倒人的地方,将其放置在工作架上或工作台上,并养成好习惯(图2-30)。

图2-29 防止火灾示意图

图2-30 防止跌倒示意图

(6)立即清理干净任何飞溅的燃油、机油或者润滑脂,防止自己或者他人摔倒。

(7)工作时要采取舒服姿态。不舒服姿态不仅会影响你的工作效率,而且有可能会使你跌倒和伤害自己。

(8)不要在开关、配电箱或电动机等附近使用易燃物,如果发现电气设备有任何异常,立即关掉开关,并联系管理员/领班。如果电路中发生短路或意外火灾,在进行灭火步骤之前首先关闭电源开关。

(9)维修时的正确位置,如图2-31所示。

①站立时,将需要使用的物体、零件和工具置于胸部和腰部之间高度。

②坐立时,工作应在肘部高度进行。

③确保发动机舱盖处于安全撑起状态。

④在车底下工作时,戴好安全帽。

图2-31 维修时的正确位置

3. 工作场地安全

工作场地要保持干净和安全,地面和工作台面要保持清洁、干燥和有序。地面有了机油、冷却液或润滑脂后会变得很滑,滑倒会造成严重损伤,可以用吸油剂清除油污。要保持地面干燥,地面有水也会变滑,而且很容易导电。机器周围的作业区域要足够大,保证能够安全地操作机器。

整洁车间的特征:

(1)地面清洁不湿滑;

(2)工具存放安全;

(3)火警应急出口畅通;

(4)工作场灯光明亮;

(5)设备或工具定期维护,使之保持良好的安全状态。

要了解车间里所有灭火器的放置地点及其适用的火险类别(图2-32)。在灭火器标签上都清楚地标明了灭火器的类型及其适用的火险类别,灭火时,一定要使用适合火险类别的灭火器(图2-33)。

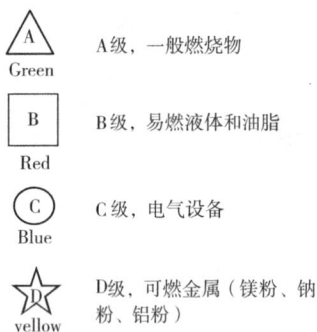

A 级,一般燃烧物
Green

B 级,易燃液体和油脂
Red

C 级,电气设备
Blue

D 级,可燃金属(镁粉、钠粉、铝粉)
yellow

图2-32　火险类别

图2-33　各类灭火器

灭火时,要站在距离火焰 2 ~ 3m 以外,将灭火器牢牢地向上拿住,对准火焰根部来回摆动喷嘴,扫过整个火焰区低下身子以免吸入烟气(图2-34)。以下是灭火器使用步骤:第一,从灭火器手柄上拔出销子;第二,将灭火器喷嘴对准火焰根部;第三,按下手柄;第四,用灭火器扫过整个火焰。另外,也可以采用灭火毯灭火(图2-35)。

图2-34　正确灭火姿势

图2-35　灭火毯及灭火方法示意图

(三)危险废弃物

汽车在生产或维护中可能会用到某些带有危险性的材料。下面介绍一些在汽车上遇到的这类材料。

1. 危险物质特性

物质具有以下特性之一,均被视为危险性废料。

(1)反应性:任何物质只要它能够与水或者其他化学物质剧烈反应,便被认为是危险品。

(2)腐蚀性:如果物质会灼烧皮肤或者能够溶解金属和其他物质,便被认为是危险品。pH 值为 7 则表明物质是中性的。

(3)有毒性:指含有重金属。

(4)着火性:着火温度低于华氏 140℉(60℃)的液体是危险品,能够自发燃烧的固体也是危险品。

(5)放射性:物质的辐射如果达到了可以测量的水平,都被认为有放射性。装有高放射性物质的容器进入汽车店时,必须由合格的工作人员采用正确的设备对它进行检测。

(6)致癌物:指该物质在进入人体后,导致产生癌症或血液型疾病。

2. 常见的危险性材料

(1)化工材料。

使用、存储和搬运如溶剂、密封材料、粘接剂、溶剂、油漆、树脂泡沫材料、蓄电池电解液、防冻液、制动液、燃油、润滑油、润滑脂之类的化工材料,一定要轻拿轻放,小心谨慎。这些材料可能有毒、有腐蚀性、刺激性、易燃、易爆。

(2)废气。

发动机废气中包含使人窒息、有害有毒的化学成分和微粒,如炭烟颗粒、碳氧化合物、氮氧化合物、乙醛和芳香族烃等。发动机应该在有抽排设施(图 2-36)或在非密封空间并完全打开的情况下运行。

图 2-36　抽排系统

(3)空调制冷剂。

空调制冷剂有如下特性:沸点低、不易燃、无色、无味、无毒,对金属或橡胶无腐蚀;但是,皮肤接触可能会导致冻伤,若是 R12 制冷剂会破坏臭氧层。准备维修汽车空调系统时,或者准备使用制冷剂回收和再生设备时,或者准备搬运制冷剂时,都应当戴工作眼镜。戴上适当的橡胶手套或其他布质手套。不要让液态制冷剂接触到眼睛或皮肤(图 2-37),避免吸入空调制冷剂和润滑油的油雾(图 2-38)。

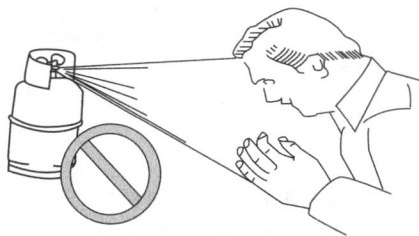

图 2-37　避免制冷剂接触眼睛或皮肤　　　　图 2-38　避免吸入制冷剂

（4）燃油。

使用时特别注意,汽油是一种易燃的挥发性液体,一定要将汽油和柴油装在安全油箱中,不要用汽油擦洗手和工具,存储间应当通风良好。从大容器倒出易燃物品时要格外小心,静电产生的火花能够引起爆炸。用过的溶剂容器要及时丢弃或清理,沾油的抹布也要存放在符合标准的金属容器中(图2-39)。维修汽车电气系统或进行焊接作业之前,要断开汽车蓄电池,以防由电气系统引起的着火。

图2-39 丢弃沾油抹布

（5）润滑油、润滑脂。

所有润滑油和润滑脂都可能对皮肤和眼睛产生刺激。长期和反复接触矿物油会除去皮肤上原有的脂肪,导致皮肤干裂、过敏和皮炎。另外,废机油可能含有使皮肤致癌的有害污染物。

（6）溶剂。

常用溶剂有丙酮、石油溶剂油、二甲苯和三氯乙烷等,用于材料的清洗和脱蜡。其中有些是高度易燃或可燃,长期接触会导致皮肤脱脂和皮炎;有的溶剂可通过皮肤吸收,引起中毒或伤害;溅入眼内可产生严重刺激并导致视力丧失;短时间接触高浓度溶剂蒸气或烟雾可使人的眼睛和咽喉疼痛、昏睡、眩晕、头疼,严重时会导致神志不清。如果这些溶剂暴露在高温或明火中时,它们会分解成致命的气体如氯化氢、光气和一氧化碳。暴露在高剂量的这些溶剂中,即使时间极短也是致命的。长时间重复暴露在高浓度的这些溶剂中,会导致肝脏、肾和肺的损伤,并且有可能导致癌症。

（7）石棉。

石棉是天然的纤维状的硅酸盐类矿物质的总称。石棉本身并无毒害,它的最大危害来自于它的纤维,这是一种非常细小、肉眼几乎看不见的纤维,当这些细小的纤维被吸入人体内,就会附着并沉积在肺部,造成肺部疾病。另一方面,极其细小的石棉纤维飞散到空气中,被吸入到人体的肺后,经过20～40年的潜伏期,很容易诱发肺癌等肺部疾病。这就是在世界各国受到不同程度关注的石棉公害问题。

世界卫生组织(WHO)的附属机构国际癌症研究组织(IARC)已经宣布石棉是第一类致癌物质。鉴于此,多数国家(特别是发达国家)都倾向逐渐减用甚至禁用石棉。因此,我们在维修含石棉的汽车零件(如部分车型的制动蹄片、汽缸垫等)时,要使用专用仪器将零件封闭起来(图2-40),防止石棉纤维进入到空气中。

密封筒

真空软管

空气软管

图2-40 密闭仪器中维修含石棉零件

3. 预防感染

进行汽车维修时可能受伤,包括由于严重的割伤或撞伤等引起的流血。一些病毒能通过血液传播,如B型肝炎、HIV(可导致获得性免疫功能丧失综合征,即艾滋病)、C型肝炎病毒等。这些病毒被统称为通过血液传播的病原体。任何引发出血的受伤都要报告给监管人员,做好必要的预防工作,避免与他人发生血液接触。

技能训练

汽车维修人员职业素养训练

1. 准备工作

(1)场地设施:整车实训室,各种规格的螺栓、螺钉。

(2)工具:学生工作装,常用工具套件,工具车,五件套,翼子板布和前格栅布等。

2. 实训过程

(1)学生正确穿工作装和工作鞋,小组之间相互检查,按照表2-1进行检查,请在检查情况栏打"√"。

(2)整理整顿工具和设备,区分是不是本次工作内容需要的,不需要的清理出现场,需要的摆放整齐。

(3)清扫场地。

(4)安装车辆五件套、翼子板布和前格栅布。

(5)找一些易燃物放在工件盘类,点燃,让学生练习灭火器的使用。

(6)整理整顿实训场地。

实 训 室 5S 检 查   表2-1

序号	检查项目	检 查 点	检查情况
1	设备	是否摆放在规定位置	
		是否恢复完整	
		是否清洁、整车车身清洁	
2	工具车	是否摆放在规定位置	
		工具车是否清洁	
		工具是否按照要求进行摆放	
3	零件车	是否摆放在规定位置	
		零件车是否清洁	
		零件摆放是否整齐	
4	地面卫生	地面清洁、无垃圾、无污水、无卫生死角,清理干净	
		是否有零件、工量具乱放地面	
5	墙面卫生	墙面清洁、表面无灰尘、污渍	
6	门窗	窗户玻璃、窗台干净明亮	
7	桌椅	摆放整齐	
		清洁干净	
		书本摆放整齐,无其他异物	
8	投影设备	讲台摆放是否整理、清洁	
		黑板、白板是否清洁	
9	洁具	洁具是否摆放在规定位置	
		拖布、扫帚是否挂在架上	
		垃圾桶垃圾是否倾倒	

单元小结

（1）7S是有的企业在原来5S的基础上又增加了节约及安全这两个要素,形成了"7S"。

（2）7S内容包括：整理、整顿、清扫、清洁、素养、节约及安全,因为七个单词的第一个字母都是S,故称7S。

（3）7S的精髓：整理就是要与不要,一留一弃;整顿就是科学布局,取用快捷;清扫就是清除垃圾,美化环境;清洁就是形成制度,贯彻到底;素养就是形成制度,养成习惯;节约就是消除不良,杜绝浪费;安全就是安全操作,生命第一。

（4）个人安全就是保护自己免受伤害,包括使用防护装置、穿戴安全、职业行为和正确使用工具及设备。

（5）个人安全包括：眼睛保护、服装、头发和配饰、鞋、手套、耳朵保护、呼吸保护、举升和搬运和伤害事故的应急措施等。

（6）许多工伤事故都是由杂乱无章引起的,要养成对车辆进行防护、妥善保管好设备工具和部件、使用正确的维修姿势和位置、遵守车间的注意事项等良好的职业习惯,预防事故发生。

（7）工作场地要保持干净和安全,地面和工作台面要保持清洁、干燥和有序。要了解车间里所有灭火器的放置地点及其适用的火险类别。灭火时,要站在距离火焰2～3m以外,将灭火器牢牢地向上拿住,对准火焰根部来回摆动喷嘴,扫过整个火焰区,低下身子以免吸入烟气。

（8）物质具有反应性、腐蚀性、有毒性、着火性、放射性和致癌性等特性时,均被视为是危险性废料。

（9）常见的危险性材料有化工材料、废气、空调制冷剂、燃油、润滑油、润滑脂、溶剂、石棉等。

（10）发动机废气中包含使人窒息、有害有毒的化学成分和微粒,如炭烟颗粒、碳氧化合物、氮氧化合物、乙醛和芳香族烃等。发动机应该在有抽排设施或在非密封空间并完全打开的情况下运行。

（11）空调制冷剂有如下特性:沸点低、不易燃、无色、无味、无毒,对金属或橡胶无腐蚀;但是,皮肤接触可能会导致冻伤。不要让液态制冷剂接触到眼睛或皮肤,避免吸入空调制冷剂和润滑油的油雾。

（12）汽油是一种易燃的挥发性液体,一定要将汽油和柴油装在安全油箱中,不要用汽油擦洗手和工具,存储间应当通风良好。用过的溶剂容器要及时丢弃或清理,沾油的抹布也要存放在符合标准的金属容器中。

（13）石棉是天然的纤维状的硅酸盐类矿物质的总称。石棉本身并无毒害,它的最大危害来自它的纤维,当这些细小的纤维被吸入人体内,就会附着并沉积在肺部,容易诱发肺癌等肺部疾病。

思考与练习

一、填空题

1.7S内容包括：_____整顿、_____清洁_____、_____及_____,因为在

发音中七个单词的第一个字母都是 S,故称 7S。

2．整顿的关键是要做到_____、_____、_____。

3．当工作环境存在损伤眼睛的风险时,就要戴上_____,当眼睛进入灰尘或少量液体时,要在_____清洗,_____可以增强对脚的保护,在操作旋转的工具或者工作在一个有旋转运动的地方时,不要_____。

4．进入驾驶人座椅位置检查时,安装五件套,即_____、_____、_____、换挡手柄套和驻车制动手柄套,到车辆前部检查发动机舱内时,安装_____和_____。

5．汽油是一种_____的挥发性液体,一定要将汽油和柴油装在安全油箱中,存储间应当_____,沾油的抹布也要存放在符合标准的_____中。

6．石棉本身并无毒害,它的最大危害来自它的_____,当这些细小的纤维被吸入人体内,就会附着并沉积在肺部,造成_____。世界卫生组织(WHO)的附属机构国际癌症研究组织(IARC)已经宣布石棉是_____。

二、简答题

1．简述推行 7S 的目的。

2．简述清洁活动实施时需要秉持的三个观念和清洁的要点原则。

3．简述灭火器使用步骤。

4．简述危险性废料的特性。

5．简述自己应该养成的好的职业习惯的内容。

单元三　汽车专业资料检索

学习目标

完成本单元学习后,你应该能:

1. 了解汽车维修资料的定义、种类及各类的特点;

2. 知道维修手册的使用步骤;

3. 了解网址、搜索引擎分类;

4. 会使用搜索引擎搜索资料和进行资料下载;

5. 按正确步骤使用专业汽车网站。

建议学时:8 学时

一、汽车维修资料简介

对于汽车维修来说,最重要的莫过于全面准确地掌握维修技术资料的选择和使用。特别是汽车电子技术和信息技术的飞速发展,维修技术人员已无法全面准确地记住维修汽车的所有步骤、规范和数据,维修技术人员只能依赖于维修手册和其他资料来源。因此,准确"查资料"是判断汽车故障,获取维修方法的最重要环节。

汽车技术的发展,推动了汽车维修技术的发展。维修行业对于维修资料的认识也越来越深,汽车维修技术人员已经普遍认识到技术数据的重要作用。但是,从铺天盖地的维修资料中找到所需资料,已经成为维修技术人员一项复杂而艰巨的任务了。如何快速查询资料并获取技术支持,已是现代汽车维修技术人员面临的新课题。据"中车在线"一位资深的高级编辑统计,一种车型(款型)纸质印刷形式的维修资料平均达到 2500 页,而且不包含更新的内容。可以想象,在常见的几百种车型中查找几个维修数据有多难。

相关链接

美国《时代周刊》曾评论道:"因特网与其说把新用户带入了信息世界,不如说是把他们领进了茫茫无际的大海。"过去人们也许会为了信息的来源发愁,而今天如何从信息海洋中以较低的代价和较高的效率筛选信息,甄别信息的真伪却成为人们日益关心的问题。

(一)汽车维修资料定义

关于维修资料的概念,似乎没有必要讨论。但是,什么样的资料是有实用价值的资料,能够帮助维修厂解决技术困难,提高生产效率并不是简单能说清楚的。按照美国对"维修信息"(Repair Information)的定义,维修资料应该是对具体车型及其所有系统准确、完整的技术数据。所谓的准确性:首先是指维修对象的准确性,即这些维修资料用于修什么车,应该精确到"年款"甚至"子车型",必须先明确所修车型,然后才能够准确地查询资料;其次是数据的准确性,错误的技术数据不仅不能排除故障,而且还可能导致更严重的事故。所谓的完整性是指:数据应包括对该系统的结构、原理、元件测试、诊断、维修等整套维修环节的详细说明,包括所有的技术参数、图形、表格等必要信息。可见,对于汽车维修资料,准确性和完整性是最基本的条件。

(二)汽车维修资料的种类

目前,国内市场维修资料的来源多种多样,按照不同的媒体划分,主要包括下列形式:汽车制造商的维修手册和技术资料、正规出版的汽车维修书籍、盗版的维修手册、专业杂志和报纸、维修资料数据库光盘、网上查询的数据库。可以看出,维修资料的种类繁多,维修资料市场很杂乱,令人无从选择。其实,每一种形式的维修资料都有其特点和市场定位。

1.汽车制造商的维修手册

制造商每年要印刷各种车型的维修手册,这些手册都是由专业技师编写的。由于制造商直接提供维修数据,可以保证资料的准确性。制造商通过发布增补本或技术公报对技术内容进行更新,这些信息不会出现在当年的维修手册中,只有下一年度的维修手册中才会出现,制造商会将这些告示定期提供给经销商和特约维修站。

因为资料太多,所以有些制造商每年针对各种车型印制的维修手册往往不止一本,可能会将维修手册分成如底盘、燃油系统、基本维护、发动机、自动变速器、车身等分册,见表3-1。

维修手册主索引按汽车的主要系统来划分　　　　　　　　　表3-1

名　　称	英文缩写	名　　称	英文缩写
概述	IN	A140E 自动变速桥	AX
维护	MA	A246E 自动变速桥	AX
5A－FE 型发动机	EG	悬架和车桥	SA
5S－FE 型发动机	EG	制动系统	BR
点火系统	IG	转向系统	SR
起动系统	ST	安全辅助系统	RS
充电系统	CH	车身电气系统	BE
离合器	CL	车身	BO
C52 手动变速桥	MX	空调系统	AC
S54 手动变速桥	MX		

在逐步检测、维护修理和装配步骤的全面性方面,其他任何资料都不能与汽车制造商的维修手册相比,维修手册涵盖了所有的修理、调整、技术规范、详尽的诊断步骤以及需要的专

用工具,但是,一般制造商维修手册只向特约维修站提供,其他修理厂是无法获得并保持同步更新的。

2. 正版维修书籍

在国内,以书籍形式出现的维修资料占有最大的市场份额。维修资料的最原始载体就是书。这些书籍几乎涵盖了国内市场保有的所有车型,覆盖面较广。一般的书籍往往命名为《×××车型维修手册》,由正规出版社出版。根据分析,这类书籍的内容主要来自以下几种渠道:对原厂维修手册进行改编、原版书籍翻译、对市场上各种车型的书籍的改编等。

从目前国内汽车维修书籍的内容看,主要以热点车型(车系)的技术资料为主,大部分书籍有一定的系统性。这些资料比起制造商的维修手册通常要精简和概括,精简后可以用较少的版面涵盖较多的内容,因此,此类资料普遍没有对车型进行详细的描述(例如:没有区分年代、款式,只是标明《桑塔纳2000维修手册》),现场维修时,技术人员不知道利用这本书是否能够修理遇到的故障车。由于编者对相关资料进行了改编,但没有针对车型进行校对,这些资料的准确性就不能保证。由于图书受版面(页数)限制,维修书籍不能将所有维修数据全部编入,如果要查询诊断信息及技术参数等信息,还要参考更详细的资料。

因此,维修书籍比较适合车辆维护和简单修理,对于正规的维修厂,经常处理复杂故障和大修工作的企业,书籍只能作为参考。当然,廉价的维修书籍也是技术人员自学的良好材料。

3. 非正版维修资料

在有些小型维修厂或书摊上,经常可以看到某些车型的盗版维修资料。这类资料的来源很复杂,有的是直接翻印原厂手册,有的对原厂手册进行了剪裁、编辑或改版,更有不法书商对其他维修资料进行盗版。盗版资料基本有如下特点:

(1)非法出版。没有标明编写者和其他版权信息,没有真实的联系方式。

(2)粗制滥造。由于对其他资料进行改编和盗印,书籍中的排版方式和内容都进行了调整,导致出现大量错误,印刷质量也非常差,图形模糊不清,文字段落残缺不全。

(3)没有准确的车型和系统描述。这类手册在盗版过程中忽视了原版技术数据的维修内容描述,用户不知道用这本书能修哪些车或什么系统。

使用盗版技术资料的后果是十分可怕的。由于在制作过程中有意无意地会产生大量的错误,可能直接对汽车的诊断维修产生错误导向,甚至可能会造成严重的生产事故,给企业和车主造成巨大的损失。近年来,这样的案例频频发生,屡见不鲜。

4. 专业报纸杂志类

据统计,大部分维修厂都订阅一种以上的汽车专业报纸或杂志,技术人员从中收集有关的技术文章和相关专题讲座作为技术资料。由于报纸和杂志具有更新快、发行渠道广泛、价格低廉等优势,深受技术人员推崇。但是报纸和杂志所刊载的文章得不到维修所需的各种车型、各个系统的完整资料,这些文章只是技术案例和常规技术普及的参考文献。

5. 维修资料数据库光盘

维修手册和公告中的资料也可以在压缩光盘(CD-ROM)(图3-1)、数字视频光盘(DVD)和互联网上以电子媒介形式出现。单张压缩光盘就能存储25万页的文本信息,这样就不需要收藏各种印刷手册的大型图书馆了。用电子媒介查找资料也更容易和快捷,光盘一般按月更新,不仅包含了最近的维修公告,还包含了工程技术和现场维修的内容。DVD储存的资料比 CD 更多,因此,采用 DVD 信息系统所需要的光盘更少,不过 CD 和 DVD 都得借助计算机才能使用。维修人员需要做的就是输入汽车信息,然后进入相应的零件或系统中,对应的资料就会在计算机屏幕上显示出来。在线数据可以时常更新,而且不需要物理储存介质。这些系统使用方便,资料存取和显示也非常迅速。

图 3-1　维修资料数据库光盘

6.汽车维修数据库

随着车型的增多,维修厂已经不可能收集所需的所有车型的维修资料。一方面,车辆技术含量越来越高,维修资料的内容也越来越多。另一方面,随着经济的发展,车型也越来越多。因此,电子化的维修资料将成为汽车维修行业技术发展的必然结果。

计算机技术的应用彻底改变了维修资料收集、存储和查询的方式。专业的汽车信息提供商将所有车型的整套维修资料以数据库形式存储,用户只要通过电脑的简单操作就可以查询到各种车型的资料,并能够实现打印、搜索等功能。而且维修数据库具有资料容量大、数据齐全准确和更新容易等优点。目前,越来越多的"原厂手册"已经开始向电子化方向发展。

二、维修手册的使用

尽管不同的维修手册在主题表述和编排上会有所不同,但只要熟悉了它的组织体系后,所有的维修手册都很容易使用。大多数手册都分为很多部分,每部分涵盖汽车的某一个方面,手册开头部分通常是关于汽车标志和基本维护方面的资料,其余部分则详细介绍汽车的各个系统,包括诊断、维修和大修步骤,每部分都有索引指明详细资料所在手册的具体位置。

做一做

请找出丰田卡罗拉轿车的识别代号(VIN)和发动机系列号,看看它们在汽车的哪个位置。

下面以丰田卡罗拉汽车为例,讲解维修手册的使用步骤。

第一步,车辆识别代号和发动机系列号的查找。

为获得准确的系统参数和其他资料,必须先识别出所修汽车的系统。识别汽车的最好办法是利用车辆识别代号(VIN)和发动机系列号。通过维修手册所提供的资料可以解译识别代号。在说明部分的识别信息,给出了车辆识别代号和发动机系列号位置,如图3-2所示。

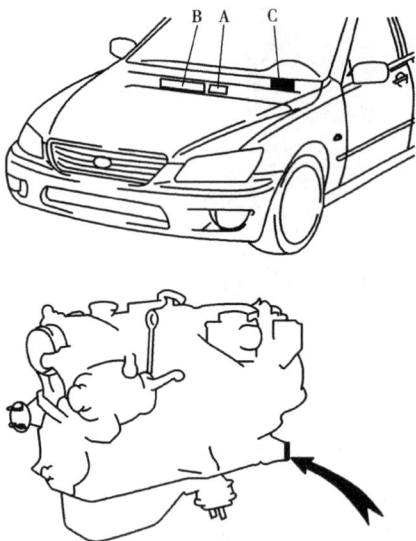

1.车辆识别代号

车辆识别代号冲压在发动机罩板上。如图所示,该号码也印在厂家标牌和识别代号标识牌上(欧洲规格右方向车型)。

A:厂家标牌

B:车辆识别代号

C:识别代号标志牌(欧洲规格右方向车型)

2.发动机系列号

发动机系列号印在发动机缸体上,如图中箭头所示的位置。

图3-2　车辆识别代号和发动机系列号位置

第二步,针对需要维修的汽车选择合适的维修手册。当我们拿到一本维修手册后,要阅读前言部分,以明确该手册的使用范围及相关资料和信息。

第三步,认真阅读说明部分。

(1)索引。每一部分的第一页都提供一个索引,引导到修理的项目。为了帮助从整个手册中找到需要的内容,在每一页的篇眉给出项目标题和主要的说明。

(2)概述。在每一部分的开始,给出关于这一部分所有修理操作的概述。在开始修理作业之前应阅读这些注意事项。

(3)维修说明。包括基本的维修提示;车辆举升和支撑位置等所有车辆的注意事项。

第四步,根据维修手册目录查找与维修工作相关的内容。如图3-3所示,检查质量空气流量计内容在ES-331页至ES-333页。

质量空气流量计

零部件 ES-331

车上检查 ES-331

拆卸 ES-332

检查 ES-332

安装 ES-333

图3-3　质量空气流量计目录示例

第五步,在相关内容的索引中查找所检查项目的位置。如图3-4所示,质量空气流量计的拆卸和检查内容在ES-332页。

拆卸质量空气流量计：

(1)断开质量空气流量计连接器。

(2)拆下2个螺钉和质量空气流量计。

检查质量空气流量计：

如图所示,目视检查质量空气流量计的铂热丝(加热器)上是否存在异物。

正常：

不存在异物。

如果结果不符合规定,则更换质量空气流量计。

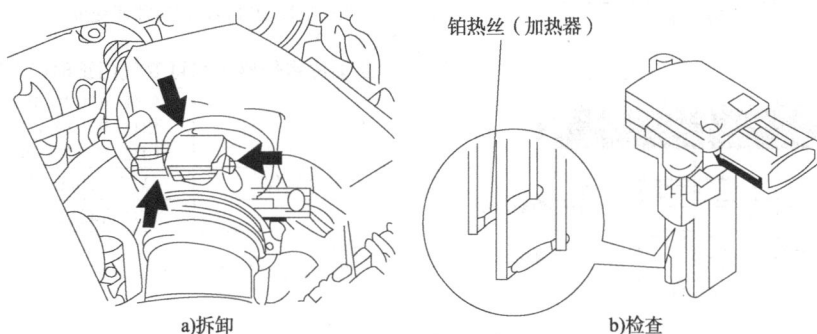

a)拆卸　　　　　　　　　　　　　　b)检查

图3-4　质量空气计的拆卸和检查

第六步,查找维修规范。如电控单元每对ECM端子之间的标准电压及标准波形内容目录在ES-16页至ES-22页。ECM端子之间的标准电压如图3-5所示。

端子号(符号)	配线颜色	端子描述	条　件	规　定　状　态
A50-20(BATT)—B31-104(E1)	P-BR	蓄电池(用于测量蓄电池电压和ECM存储器)	始终	9～14V
A50-2(+B)—B31-104(E1)	B-BR	ECM电源	点火开关置于ON位置	9～14V
A50-1(+B2)—B31-104(E1)	B-BR	ECM电源	点火开关置于ON位置	9～14V
A50-3(+BM)—B31-104(E1)	B-BR	节气门执行器电源	始终	9～14V
B31-85(IGT1)—B31-04(E1)	W-BR	点火线圈(点火信号)	急速运转时	产生脉冲(参见波形1)
B31-84(IGT2)—B31-104(E1)	B-BR	点火线圈(点火信号)	急速运转时	产生脉冲(参见波形1)
B31-83(IGT3)—B31-104(E1)	G-BR	点火线圈(点火信号)	急速运转时	产生脉冲(参见波形1)
B31-82(IGT4)—B31-104(E1)	LG-BR	点火线圈(点火信号)	急速运转时	产生脉冲(参见波形1)
B31-81(IGF1)—B31-104(E1)	Y-BR	点火线圈(点火确认信号)	点火开关置于ON位置	4.5～5.5V
			急速运转时	产生脉冲(参见波形1)
B31-122(NE+)—B31-121(NE-)	G-R	曲轴位置传感器	发动机暖机时急速	产生脉冲(参见波形2)
B31-99(G2+)—B31-98(G2-)	W-R	可变气门正时(VVT)传感器(进气阀)	发动机暖机时急速	产生脉冲(参见波形2)

图3-5　ECM端子之间标准电压

标准波形如图 3-6 所示。

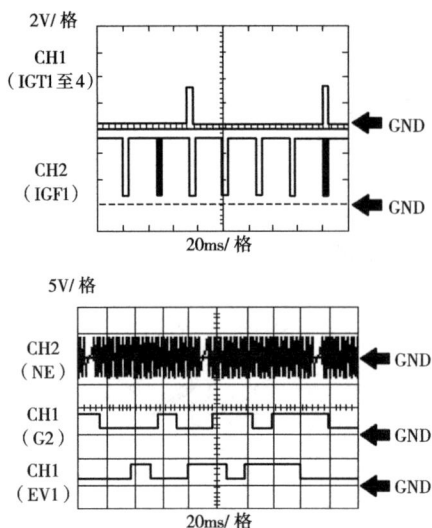

2V/格

CH1
(IGT1 至 4)

← GND

CH2
(IGF1)

← GND

20ms/格

5V/格

CH2
(NE)

← GND

CH1
(G2)

← GND

CH1
(EV1)

← GND

20ms/格

1. 波形 1

点火器 IGT 信号(从 ECM 到点火器)

ECM 端子名称	IGT(1 至 4)和 E1 之间 IGF1 和 E1 之间
检测仪量程	2V/格、20ms/格
条件	急速运转时

提示:
波长随发动机转速的增加而变短。

2. 波形 2

曲轴位置传感器和可变气门正时(VVT)传感器

ECM 端子名称	CH1:在 G2 + 和 G2 – 之间 CH1:在 EV1 + 和 EV1 – 之间 CH2:在 NE + 和 NE – 之间
检测仪量程	5V/格、20ms/格
条件	发动机暖机后急速运转

提示:
波长随发动机转速的增加而变短。

图 3-6　标准波形示例

第七步,查找诊断方法。

(1)怎样进行故障诊断。在诊断的第一部分,给出了系统的诊断步骤,图 3-7 所示为发动机的诊断步骤。

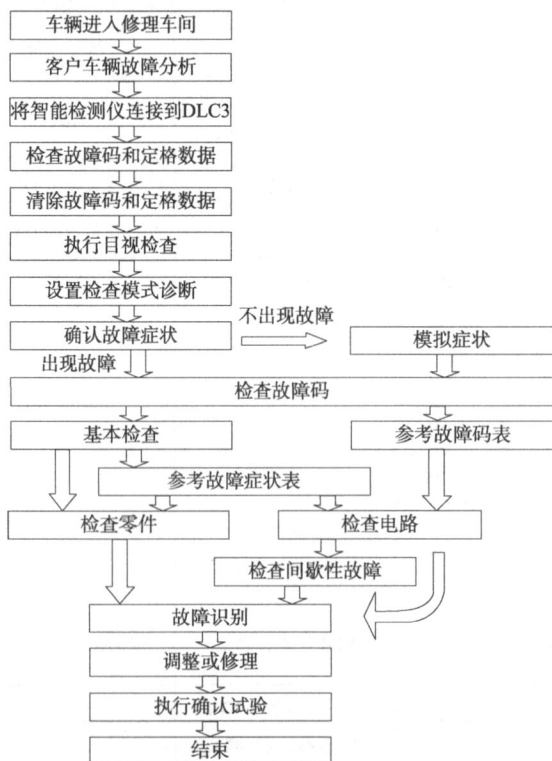

图 3-7　发动机诊断步骤

（2）故障码的查找。如图3-8所示为故障码表。利用这个图中表格可以找出对应的故障码,对所显示的故障码进行准确有效的故障诊断。

（3）零件位置的查找。在维修手册中,给出了相应系统的零件位置图。图3-9所示为发动机电控传感器位置图。

（4）ECU端子的查找。在维修手册中也给出了ECU端子的形状、名称、端子号、线束颜色、标准数据及条件。ECM端子如图3-10所示。

（5）检查电路。电路说明包括电路和它的零件的主要作用和工作原理。根据发动机线路图检查电路故障。图3-11所示为ECU控制的燃油泵控制电路。

（6）将故障排除后,按照维修手册的维修拆装顺序和技术要求完成故障的排除。

诊 断 故 障 码 表

提示:

由于所使用的仪表类型不同及其他因素,该表所列参数有可能与读数有所不同。

如果在检测模式DTC检测中显示有DTC,检查下表所列DTC对应的电路。关于每个DTC的详细信息,请参考指示页码。

SF1系统:

DTC	检测项目	故 障 部 位	MIL	存储器	参考页
P0010	凸轮轴位置"A"执行器电器(B1)	(1)进气侧凸轮轴正时机油控制阀电路断路或短路; (2)进气侧凸轮轴正时机油控制阀总成; (3)ECM	点亮	存储DTC	ES－50
P0011	凸轮轴位置"A"－正时过于提前或系统性能(B1)	(1)进气侧凸轮轴正时机油控制阀总成; (2)机油控制阀滤清器; (3)凸轮轴正时齿轮总成; (4)ECM; (5)气门正时	点亮＊2/ 不亮＊3	存储DTC	ES－54

图3-8　诊断故障码示例

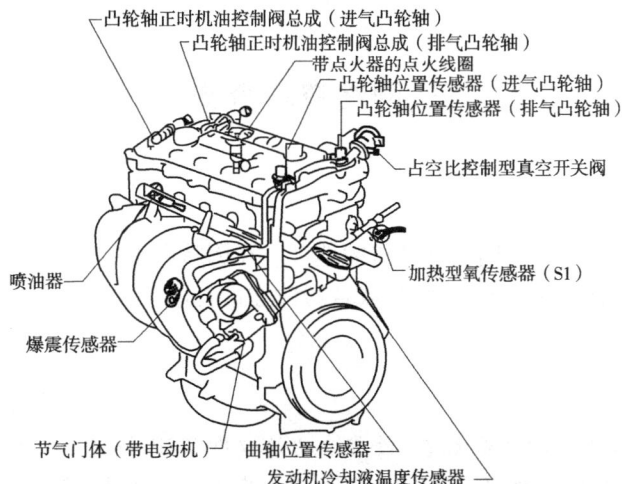

图3-9　发动机电控传感器位置图

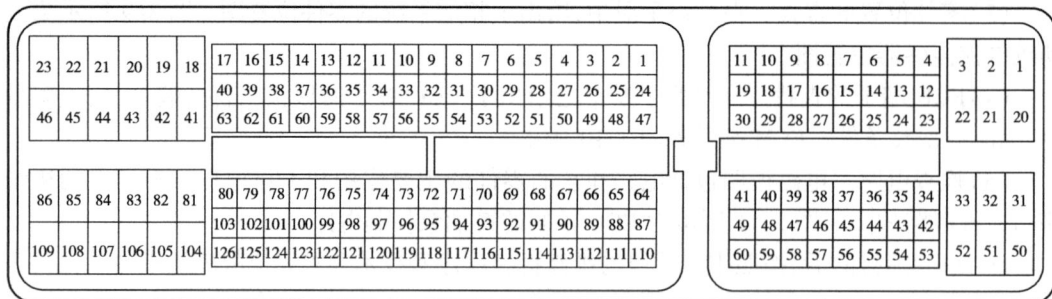

图 3-10　ECM 端子

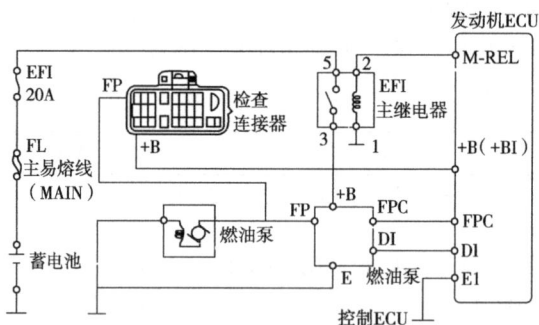

图 3-11　ECU 控制的燃油泵控制电路

查一查

自己查阅一下其他维修手册,看看它们的格式、表述和编排上是否相同,如果不相同你是否会使用。

三、网络资料查询

(一)网址

人们常说的网址是指因特网上计算机的地址。在因特网上的每一台计算机都有一个固定的、唯一的地址即网址,它用 IP 地址和域名两种方式表达。

相关链接

网络通信协议中有两个最基本、最重要的协议即 TCP 和 IP。人们通常将因特网的通信协议简称 TCP/IP 协议。这族通信协议能够将信息快速、准确地传送到网上任何指定的计算机中。

1. IP 地址

TCP/IP 规定,IP 地址一般用 32 位的二进制表示,而在读写时,为便于用户记忆,通常将 32 位分成 4 段,之间用"."作为分隔符,并且将二进制转换成十进制的数字表示,每段数字取值范围为 0~255。例如某服务器 IP 地址为 192.168.0.177。

2. 域名

由于 IP 是数字来表示主机地址,不便于记忆,因此应建立一套域名管理系统,即用一组英文字符串来表示网络中计算机的地址,称为域名。它的结构为:主机名、机构名、网络类型、顶层域名。

3. 统一资源定位器（URL）

为了确定具体信息资源在网络中的位置,用统一资源定位器来描述它,也就是通常所说的"网址"。URL 由 4 个部分组成:应用协议、主机地址、文件路径及文件名称。如 http://lib.jlu.edu.cn/jsk/index.htm,其中 http:// 为超文本传输协议;"lib.jlu.edu.cn"是吉林大学图书馆的主机地址;"/jsk/index.htm"分别为目录路径和文件名。

（二）搜索引擎的分类

1. 按搜索机制划分

1）关键词型搜索引擎

它是通过用户输入关键词来查找所需的信息资源。这种方式方便直接,而且可以使用逻辑关系组合关键词,可以限制查找对象的地区、网络范围、数据型、时间等,可以满足选定条件的资源准确定位。常用的有百度(图 3-12)、Google 等。

Bai 百度

新闻 网页 贴吧 知道 MP3 图片 视频 地图

　　　　　　　　　　　　　　　　　百度一下

空间 百科 hao123 | 更多>>

图 3-12　百度搜索引擎

2）目录型搜索引擎

它是把搜集的信息资源按照一定的主题进行分门别类,建立目录,大目录下面包含子目录,子目录下面又包含子目录……如此下去,建立一层层具有包含关系的目录。用户查找信息时,采取逐层浏览打开目录,逐步细化,就可以查到要找的信息。目录型常见的有新浪网(图 3-13)、雅虎、腾讯等。

3）混合型搜索引擎

它兼有关键词型和目录型两种查找方式,既可以直接输入关键词查找特定信息,又可以浏览目录了解某个领域范围资源。事实上,现在大多数搜索引擎都采用混合型搜索引擎。

2. 按搜索内容划分

1）综合型搜索引擎

由于它对搜集的信息资源不限制主题范围和数据类型,因此利用它可以查找到几乎任何方面的信息。

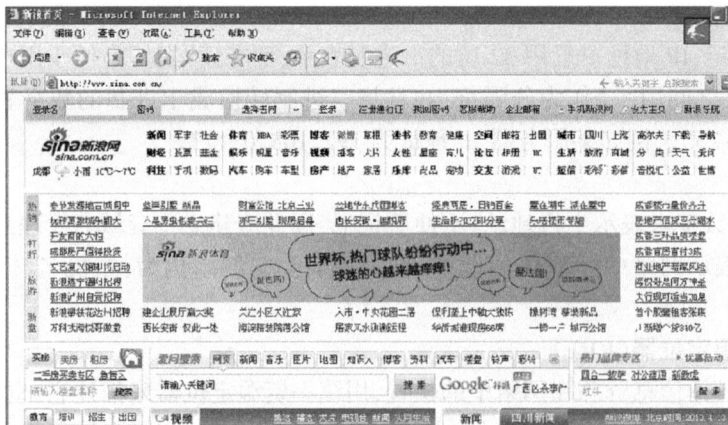

图3-13　新浪网

2)专业型搜索引擎

它只搜索某一行业或专业范围内的信息资源,因此它在提供专业信息资源方面要远远优于综合型搜索引擎。

3)特殊型搜索引擎

它是专门搜集特定的某一方面信息的,如专门搜集电话、人名、地址、图像等。

3. 按包含搜索工具的数量划分

1)单独型搜索引擎

平时所说的搜索引擎,像搜狐、新浪网、雅虎等都是单独型的搜索引擎,它自身有一套完整的信息搜集、整理和查询机制,可为用户提供完善的服务。但缺点是各自为政,各有一套,在查找信息时要不停地在各个搜索引擎之间奔波,浪费了时间。

2)集成型搜索引擎

它又称为元搜索引擎,其特点是:在接受用户查询请求时,可同时在其他多个引擎上进行搜索,并将结果返回用户。中文具有代表性的有飓风搜索通、搜星等搜索引擎。

(三)搜索引擎的使用

搜索引擎的主要功能基本相同,下面以因特网搜索引擎 Google 和百度为例,来说明搜索引擎的特点和使用方法。

为提高网页的显示速度,搜索引擎的主页面往往比较简洁,没有花哨的内容。Google 的主页如图 3-14 所示。如有网站、图像、网上论坛和网页目录,其下方有一文本框,用以输入检索词等。

搜索引擎除了一个简洁的搜索界面,一般还有高级搜索界面。高级搜索界面可以对搜索条件进行限制,这些条件包括:搜索结果、网页语言限定、网页更新日期限定、查询字词在网页中的位置指定网站和特定搜索等。

1. 搜索网页

使用搜索引擎搜索网页,非常方便。只要在搜索框内输入查询内容(关键词),并按一下"搜索"按钮或回车键,就可寻找所有符合查询条件的资料,并把最相关的网站或资料排在前列。

图 3-14　360 搜索引擎

1）如何决定关键词

在搜索时,关键词的选择非常重要。关键词,也就是想寻找的内容的文字描述。内容可以是:人名、网站、新闻游戏等。搜索框内的关键词数可以是一个,也可以若干个,甚至可以输入一句话。如"大话西游""一汽大众"。

2）缩小搜索范围

如某人想了解目前桑塔纳 2000 汽车的市场价格情况,在 Google 中输入关键字"桑塔纳",选中"搜索所有中文网页"选项,搜索结果有 16 万项。其中有很多结果并不符合自己的要求,如想缩小搜索范围,只需输入更多的关键词。如输入"桑塔纳 2000",搜索结果为 7.71 万项;如输入"桑塔纳 2000 报价",搜索结果为 1.47 万项。

3）减除与搜索无关的信息

用减号"－"表示逻辑"非"操作。"A-B"就表示搜索包含 A 但不包含 B 的网页。如,搜索"历史"但不含"文化"的中文网页的方法是:"搜索引擎历史－文化。"

4）并行搜索

如果查到的内容太少或担心有遗漏,可以使用并行搜索的方法。Google 用大写的"OR"表示并行搜索;百度使用"A∣B"来搜索。如 Google 输入"图片 OR 汽车"或在百度输入"图片∣汽车"等。

5）相关搜索

如果无法确定输入的关键词才能找到满意的资料,可使用搜索引擎中的相关搜索。以百度为例,先输入一个简单词语搜索,然后,百度搜索引擎提供"其他用户搜索过的相关搜索词"作为参考。点击任何关键词,都能得到那个相关搜索词的搜索结果。如在搜索框输入"桑塔纳 2000",在搜索结果的最下方,就会出现"相关搜索"的词汇,如图 3-15 所示。

2. 网络资源的下载

网络资源无限丰富,许许多多的内容都是我们想利用和学习的。但是由于短时间不可能学习那么多的东西,或查阅的时候并不是马上运用,因此就要将这些内容保留下来,便于以后查阅,而这就涉及了下载。

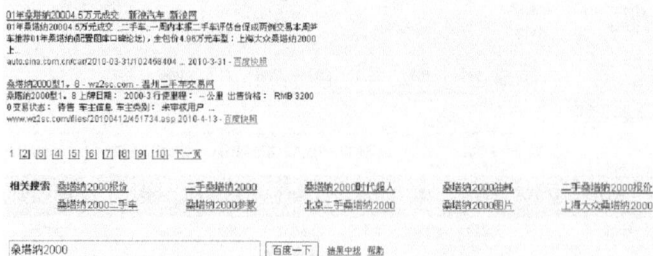

图 3-15　输入桑塔纳 2000 的相关搜索

1)软件下载

软件的下载是碰到最多的,也是最容易掌握的。一般而言,只要点击相应的连接后,就会出现如图 3-16 所示的提示框,选择"将该程序保存到磁盘",再按确定后根据提示操作,这样软件就可以下载到你的磁盘中。提高下载速度的方法,是应用一些多线程的下载软件,如 FlashGet、迅雷等。使用专门的下载软件还可以使断线后也不会丢失已经下载的部分,再连线可以继续原来的进度下载。

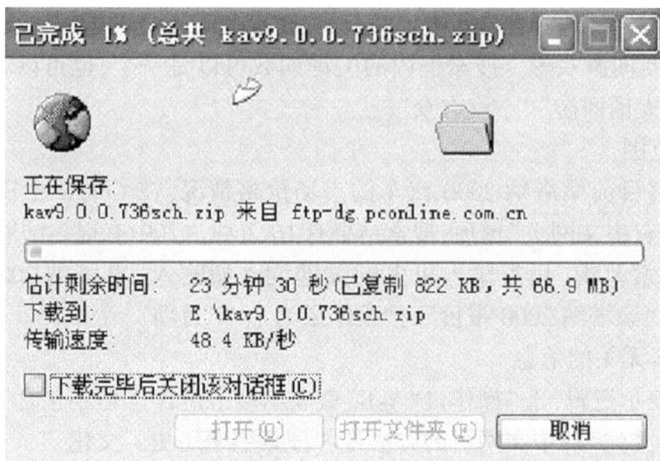

图 3-16　下载对话框

2)歌曲的下载

歌曲可能是许多网友每天都离不开的"下载内容",但在下载时也要掌握一些方式方法。

(1)有些歌曲和电影,网页上本身做好了像软件下载一样的链接,比如打包成了 ZIP 压缩文件,那么只要按下载软件的方法下载回来,再解压缩就可以了。

(2)有些歌曲和电影,它们一般只能在线收看或收听,其下载链接和普通的链接不同,浏览器和网络下载软件都不能下载,这时候就需要一些技巧,或者请出专门的流媒体下载软件了。

3)网页的下载

网页下载较常用的有 3 种方法。

(1)保存当前页。正常浏览页面,待全部打开后,单击文件菜单,选择"另存为……"命令(图 3-17),在保存类型中,选择"Web 页,全部(*.htm, *.html)",就可以达到下载页面的目的。

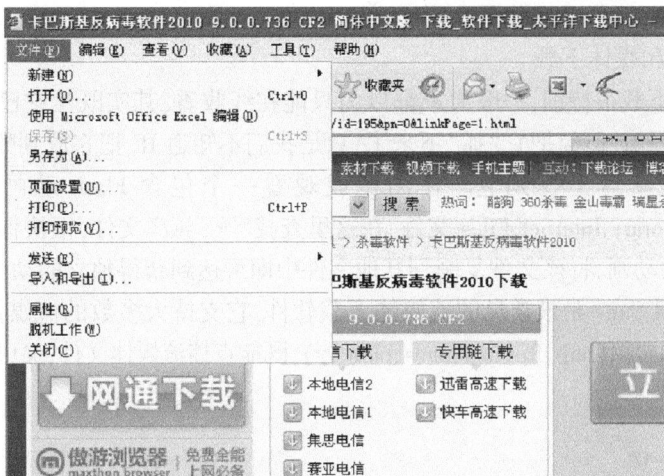

图 3-17　网页下载对话框

若要保存部分内容,先将 Web 页中的信息复制到文档,选定要复制的信息,在编辑菜单上,单击"复制"然后在需要显示信息的文档中(如 Word),单击"粘贴"即可。

(2)使用一些专门的网页下载软件,如 Webdup 等,将要下载的网页的 URL 输入其中,设置好下载的链接层数,开始下载就可以了。

(3)使用 Internet Explorer (IE)的脱机浏览功能。选择 IE 的添加到收藏夹命令,在"允许脱机使用"前打上钩,再单击"自定义……"按钮,如图 3-18 所示。在该窗口中,选择"是",设置"下载与该页链接的( )层网页",单击"下一步"即可。

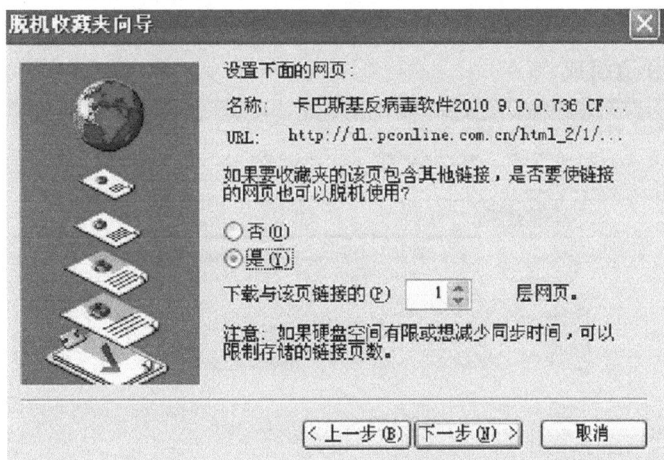

图 3-18　设置脱机收藏对话框

4)图片的下载

图片下载方法也要根据情况而定,一般情况下,直接用右键点中图片,在弹出的快捷菜单中选择"图片另存为"命令保存到磁盘的相应位置就达到下载目的。遇到了限制右键菜单的网页,可以在页面目标上按下鼠标右键,弹出限制窗口,这时不要松开右键,将鼠标指针移到窗口"确定"按钮上,同时按下左键。松开鼠标左键,限制窗口被关闭了,再将鼠标移到目标上松开鼠标右键,就可以下载图片了。

5)Flash 动画和媒体下载

Flash 动画的下载很特别,一般大家都以为只能在线收看,其实既然它已经在我们的计算机中播放,那一定是 IE 已经把它"抓"下来了,只是我们不知道 IE 把它放到哪儿了,仅此而已。所以,我们需要在硬盘上找到它。在浏览或观看一个包含 Flash 动画的网页后,打开 C:\Windows\Temporary Internet Files 文件,在这里查找"∗.swf"文件,很快你会发现其中有在浏览网页时观看的动画,将该文件复制到其他文件中即可达到获得独立的动画文件的目的。

Streambox VCR Suite 是最常见的流媒体下载软件,它支持大多数的流媒体格式(RM、ASF、WMA、RA、MOV)和协议(http、ftp、rtsp、mms、pnm 等),既能点播流媒体文件,又可同时下载。

做一做

利用不同的搜索引擎进行搜索,并对不同资料和网页进行下载,看看你是否能操作正确。

(四)资料查询方法

专业汽车网站包括汽车销售、汽车检测维修、网上培训、资料检索、政策法规等专业性的汽车咨询网站。地方汽车网站是以地域命名的地方汽车咨询网站,一般用以介绍本区域的汽车咨询。以中车在线为例(图 3-19),它由首页、中文资料、经销商配件、盗抢信息、汽车鉴赏、设备超市、政策法规、客服中心、论坛、英文资料、米切尔配件、违章查询、车市商情、技术培训、下载专区等频道组成。

图 3-19　中车在线首页

中车在线数据查询系统操作十分简便,与平时互联网(Internet)上网一样方便快捷。经过测试,即使用户对系统一无所知,也能够在几分钟内掌握维修数据的查询方法。

基于网络的数据库系统使技术人员在查询数据时用鼠标单击几次就能够找到相关技术资料。所有操作都是通过标示明显的链接或菜单实现的。维修数据查询系统的基本操作方法具体如下。

1. IE 使用简介

IE 是目前通用性最好的因特网浏览器,中车在线维修数据查询系统的软件平台是基于

IE。由于涉及加密图形浏览、用户身份确认等特殊功能,本系统不支持其他浏览器。中车在线网站(www.713.com.cn)提供了新版本 IE 的下载。

2.数据查询基本步骤

(1)进入中车在线网站。在 IE 地址栏中输入"www.713.com.cn",即可直接进入中车在线。

(2)注册新会员。在中车在线首页选择"新会员注册",然后输入一个有效的用户名,点击下一步,如图 3-20 所示。再输入用户的基本信息,然后单击提交,如图 3-21 所示。注册成功后以后就可以在首页直接登录了。

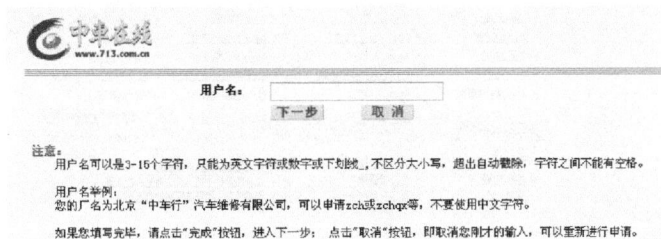

图 3-20 注册新会员对话框

图 3-21 填写注册信息

(3)选择维修数据库。登录成功以后,进入维修数据库频道,用户可以选择数据库的查询信息(如中文、英文和技术热点等),单击相应标题即可进入,如图 3-22 所示。

(4)确定车辆的信息。第一步是选择该车型的制造厂。目前数据库中总计有近 50 个制造厂,用户根据车型的"厂别"选择相应"制造商",如图 3-23 所示。

第二步是在确定车型后选择车型的具体型号。如果判断有困难,通过 17 位码也能够确定车型。选择型号的方式如图 3-24 所示。

第三步确定车辆年代,不同年代的相同车型维修资料可能会有极大差别,如 95 款的 AUDI A6 与 99 款的 AUDI A6 在维修资料上完全是两个车型。因此在查询资料前必须确认该车型生产年代。此信息主要通过 17 位 VIN 码的第 10 位获得,也可以通过查找车辆名牌获得年代信息。选择方式如图 3-25 所示。

图 3-22　中车在线查询信息示例

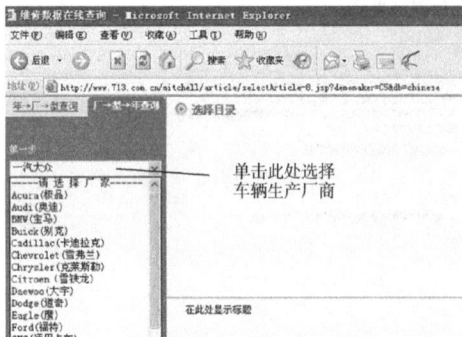

图 3-23　选择车辆生产厂商

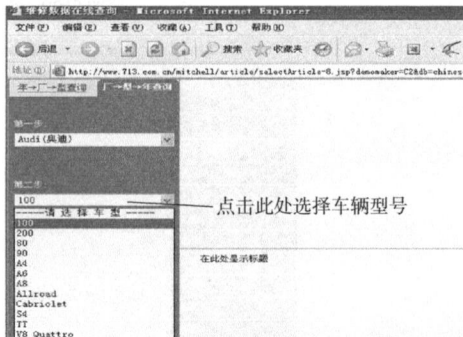

图 3-24　选择车辆型号

(5)选择维修内容。选定车型后,在右侧目录区列出该车型对应的所有数据目录,其概念与普通书籍目录一样,如图 3-26 所示。单击相关目录后,进一步选择章节,即可调出本节对应的所有文章。

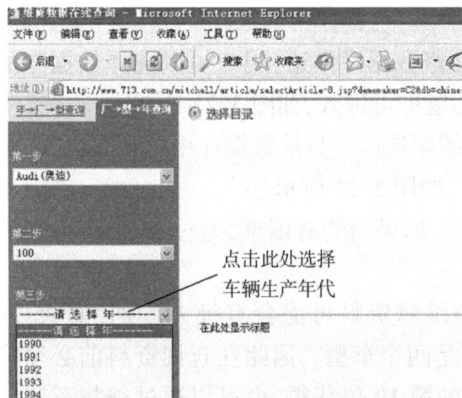

图 3-25　选择车辆生产年代

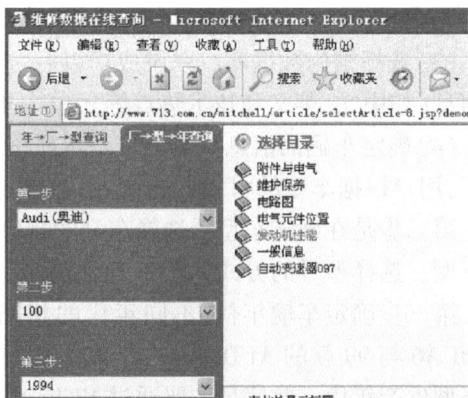

图 3-26　选择资料目录

　　确定章节后,即进入文章标题选择,如图 3-27 所示。用鼠标直接单击相关文章标题,即可进入此文章。进入文章后,可以直接阅读资料,也可以快速在文章中检索和跳转。

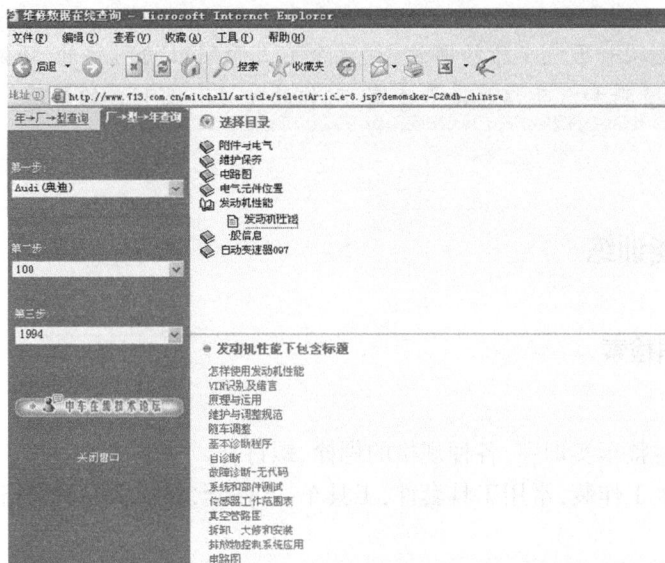

图 3-27　选择资料标题

　　我国的汽车专业网站越来越多,表 3-2 列举了一些主要专业网站和地方汽车网站。

汽 车 网 站 表 3-2

中车在线 www.713.com.cn	中国汽车新网 www.qiche.com.cn	汽车中国 www.carcn.net	中国汽车大世界 www.car168.com
汽车世界 www.autoworld.com.cn	中国汽车万维网 www.chinaauto.org/Main.htm	汽车维修与保养 www.motorchina.com	车天下 www.chetx.com
中国汽车动态信息网 www.autonews.net.cn	中国汽车检测维修专业网 www.auto-tester.com	中国汽车资源网 www.fedcars.com	汽车工业信息网 www.autoinfo.gov.cn
中国汽车交易网 www.auto18.com	中国客车网 www.chinabuses.com	中国商用汽车网 cv.ce.cn	中国赛车网 www.ourracing.com
车讯网 www.carnews.com	聪慧网 www.auto-m.hc360.com	汽车精品网 www.car169.net	易车网 www.bitauto.com
汽车周报 www.autoweekly.com.cn	汽车网址大全 www.chelink.com	汽车星空 www.autostarry.com	东方汽车网 www.oauto.com
汽车市场 www.automarket.net.cn	《汽车之友》杂志电子版 www.autofan.com.cn	中国汽配网 www.chinaqipei.com	汽车之窗 www.windowscar.com
汽车商务网 www.b-car.com	汽车爱好者 www.carfan.cn	E 车网 www.autolist.com	汽车点评网 www.xgo.com.cn
笛威欧亚汽车维修网 www.eaat.com.cn	长春汽车网 www.cautonet.com	中国西部汽车网 www.cw-auto.com	中国停车网 www.chinaparking.org
汽车销售联盟 www.chinesecar.net	汽车城网站 www.motorworld.com.cn	锐途汽车网 www.13822.com	Sinoi 车频道 www.car.sinoi.com

查一查

自己上网查阅一下汽车维修网站,看看除了上面列出的网站外,还能找到哪些网站;他们的维修资料和汽车信息是否丰富,对你的学习有没有大的帮助。

技能训练

汽车专业资料检索

1. 准备工作

(1)场地设施:整车实训室,各种规格的螺栓、螺钉。

(2)工具:学生工作装,常用工具套件,工具车,五件套,翼子板布和前格栅布等。

2. 实训过程

(1)在《中文科技期刊数据库》(维普数据库 oldweb.cqvip.com)检索"新能源汽车轻量化的关键技术",填写以下信息。

检索方式:＿＿＿＿＿＿＿＿＿＿＿＿＿＿＿＿

检索入口(字段):＿＿＿＿＿＿＿＿＿＿＿＿

检索式:＿＿＿＿＿＿＿＿＿＿＿＿＿＿＿＿＿

检索时间限制:＿＿＿＿＿＿＿＿＿＿＿＿＿

检中条数:＿＿＿＿＿＿＿＿＿＿＿＿＿＿＿

【题　名】:＿＿＿＿＿＿＿＿＿＿＿＿＿＿

【作　者】:＿＿＿＿＿＿＿＿＿＿＿＿＿＿

【机　构】:＿＿＿＿＿＿＿＿＿＿＿＿＿＿

【刊　名】:＿＿＿＿＿＿＿＿＿＿＿＿＿＿

(2)在《数字化期刊》(万方数据库 www.wanfangdata.com.cn)检索"新能源汽车轻量化的关键技术",填写以下信息。

检索方式:＿＿＿＿＿＿＿＿＿＿＿＿＿＿＿＿

检索入口(字段):＿＿＿＿＿＿＿＿＿＿＿＿

检索式:＿＿＿＿＿＿＿＿＿＿＿＿＿＿＿＿＿

检索时间限制:＿＿＿＿＿＿＿＿＿＿＿＿＿

检中条数:＿＿＿＿＿＿＿＿＿＿＿＿＿＿＿

【题　名】:＿＿＿＿＿＿＿＿＿＿＿＿＿＿

【作　者】:＿＿＿＿＿＿＿＿＿＿＿＿＿＿

【机　构】:＿＿＿＿＿＿＿＿＿＿＿＿＿＿

【刊　名】:＿＿＿＿＿＿＿＿＿＿＿＿＿＿

(3)查阅丰田卡罗拉维修手册,填写以下信息。

①画出排气凸轮轴正时机油控制阀总成信号的标准波形,并在表 3-3 中填写相关信息。

标准波形:

凸轮轴正时机油控制阀检测相关信息　　　　　　　　　　表 3-3

ECM 端子名称		条件	
检测仪量程			

②发动机冷却液温度电路低输入的 DTC 代码:_____;曲轴位置传感器"A"电路的 DTC 代码:_____;

③进气凸轮轴轴位置传感器连接器端子号:_____;电源针脚号是:_____;电源线是_____颜色。

④2 缸点火线圈总成连接器端子号:_____;点火信号针脚号是:_____;点火信号线是_____颜色。

⑤丰田卡罗拉曲轴皮带轮螺栓的拧紧力矩是:_____;气门的标准总长度是:_____;连杆轴径的标准油膜间隙是:_____。

单元小结

(1)准确"查资料"是判断汽车故障、获取维修方法的最重要环节。

(2)维修资料是对具体车型及其所有系统准确、完整的技术数据。

(3)维修资料包括汽车制造商的维修手册和技术资料、正规出版的汽车维修书籍、盗版的维修手册、专业杂志和报纸、维修资料数据库光盘、网上(Internet)查询的数据库。

(4)为获得准确的系统参数和其他资料,必须先识别出所修汽车的系统。识别汽车的最好办法是利用车辆识别代号(VIN)和发动机系列号。

(5)针对需要维修的汽车选择合适的维修手册,根据维修手册目录查找与维修工作相关的内容,能看懂维修手册中的诊断步骤、零件图、故障码表、波形图、电路图等内容。再按照维修手册的维修拆装顺序和技术要求完成故障的排除。

(6)IP 地址一般用 32 位的二进制表示,而在读写时,为便于用户记忆,通常将 32 位分成4 段,之间用"."作为分隔符,并且将二进制转换成十进制的数字表示,每段数字取值范围为 0～255。

(7)域名管理系统是一组英文字符串来表示网络中计算机的地址,称为域名。它的结构为:主机名、机构名、网络类型、顶层域名。

(8)统一资源定位器(URL)由 4 个部分组成:应用协议、主机地址、文件路径及文件名称。

(9)搜索引擎的分类。按搜索机制分为关键词型搜索引擎、目录型搜索引擎和混合型搜索引擎;按搜索内容分为综合型搜索引擎、专业型搜索引擎和特殊型搜索引擎;按包含搜索工具的数量分为单独型搜索引擎和集成型搜索引擎。

(10)网络资源的下载有软件下载、歌曲的下载、网页的下载、图片的下载、Flash 动画和媒体下载。

(11)专业汽车网站包括汽车销售、汽车检测维修、网上培训、资料检索、政策法规等专业性的汽车咨询网站。地方汽车网站是以地域命名的地方汽车咨询网站,一般用以介绍本区域的汽车咨询。

思考与练习

一、填空题

1. 准确_____是判断汽车故障,获取维修方法的最重要环节。

2. _____应该是对具体车型及其所有系统准确、完整的技术数据。

3. _____通过电话为咨询者解答维修中的问题。

4. 识别汽车的最好办法是利用汽车_____和_____。

5. 在因特网上的每一台计算机都有一个固定的、唯一的地址,即_____,它用_____和_____两种方式表达。

6. _____搜索引擎,是通过用户输入关键词来查找所需的信息资源。

7. 专业汽车网站包括汽车销售、_____、网上培训、_____、_____等专业性的汽车咨询网站。

二、选择题

1. 在维修资料中,准确性和针对性最高的是(　　　　)。

  A. 正版维修书籍　　　　　　　　　　B. 汽车制造商的维修手册

  C. 非正版维修资料　　　　　　　　　　D. 专业报纸杂志

2. TCP/IP 规定,IP 地址一般用 32 位的(　　　)表示。

  A. 二进制　　　　　　B. 八进制　　　　　　C. 十进制　　　　　　D. 十六进制

3. (　　　)搜索引擎把搜集的信息资源按照一定的主题进行分门别类,建立一层层具有包含关系的目录。

  A. 关键词型　　　　　B. 专业型　　　　　　C. 目录型　　　　　　D. 混合型

4. 减除与搜索无关的信息。用(　　　)表示逻辑"非"操作。(　　　)就表示搜索包含 A 但不包含 B 的网页。

  A. " – ","A – B"　　　　　　　　　　B. "OR","A OR B"

  C. "丨","A丨B"　　　　　　　　　　D. " + ","A + B"

三、简答题

1. 目前国内市场上有哪些形式的维修资料?

2. 制造商如何将技术参数和维修程序的变化情况告知维修技师?

3. 如何区别正版维修资料和非正版维修资料?

4. 搜索引擎有哪些分类?

5. 网页下载有哪几种方法?

6. 列举几个你常用的汽车维修网站。

单元四 工 具

学习目标

完成本单元学习后,你应该能:

1. 了解各种工具的名称、种类及用途;

2. 知道常用工具的正确使用方法;

3. 知道汽车维修工作中常用工具的注意事项;

4. 了解汽车维修工作中专用工具的安全使用方法;

5. 会正确使用常用工具。

建议学时:18 学时

一、常用工具及使用

汽车维修时,除了需要使用一些常见的普通工具外,还必须使用一些维护专用工具。本单元将对汽车维修过程中使用的工具进行介绍,以便维护人员能正确、合理地使用工具,进一步提高维修质量。

(一)扳手

扳手是拧转和夹持螺栓头或螺母的一种工具。几乎所有的螺栓头和螺母都有 6 个边,故用扳手的卡口套住这些边就可以拧动螺栓或螺母。每个维修人员都应当拥有一整套扳手,包括多种尺寸和形式的米制和英制扳手。汽车维修中常用的有开口扳手、梅花扳手、套筒扳手、空心螺栓扳手、管子扳手、活动扳手等,如图 4-1 所示。

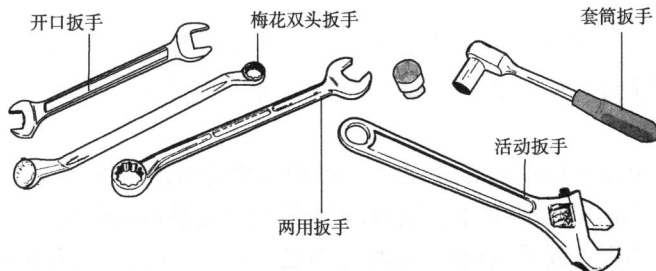

图 4-1 拧紧螺栓和螺母的常用工具

1. 开口扳手

有些位置只能使用开口扳手,虽然开口扳手不适用于完全拧紧时使用,但是螺栓周围空间很小(图4-2)导致其他扳手无法使用时,或者拉索中间的调整螺栓(图4-3)和悬架的调整部位等梅花扳手无法使用时,只能使用开口扳手进行调整。

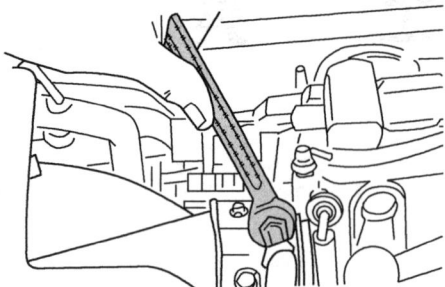

图4-2　往复转动可用于狭窄位置　　　　图4-3　拉索中间的调整

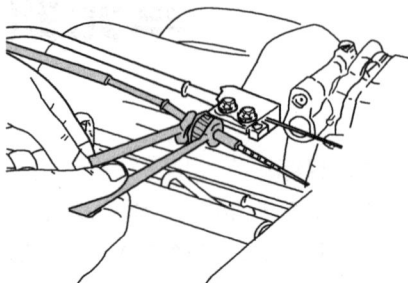

旋拧螺栓时应选用尺寸比较合适的开口扳手(图4-4),开口扳手不能倾斜使用(图4-5),倾斜将会导致滑脱或损伤螺栓头部。应完全套住头部,使其与螺栓成直角进行操作。

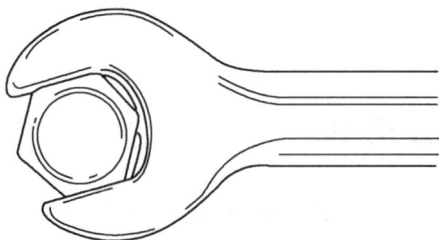

图4-4　配合尺寸使用　　　　　　　　　图4-5　不能倾斜使用

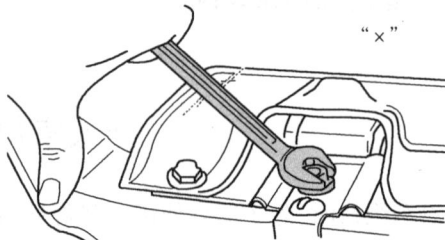

专家提醒

在使用开口扳手时,最好的效果是拉动,若必须推动时,只能用手来推,并且手指要伸直,以防螺栓突然松动时碰伤手指。

2. 梅花扳手

梅花扳手的卡口是闭合的,卡口包住整个螺栓头或螺母,夹持住紧固件的各个棱角,这种套筒扳手不能在螺母或螺栓上滑动,所以比开口扳手更安全。维修中会用到的有6角和12角梅花扳手。

使用梅花扳手可以施加较大的力,也不会损伤螺栓棱角,使用扳手的一般姿势是往自己身前旋转(图4-6),如果推动则难于控制力,工具滑脱时还易造成受伤。

即使相同尺寸的梅花扳手,也有弯头和直头之分(图4-7),弯头角度较大的梅花扳手,可以用于凹陷部分的操作。另外,扳手的长短(图4-8)可以满足不同作业内容变化范围的需要。棘轮扳手(图4-9)能快速地完成螺栓的紧固。

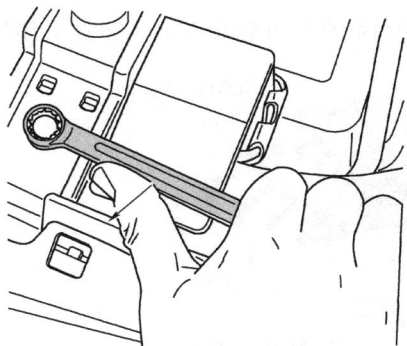

图4-6 往自己身前拉动旋转

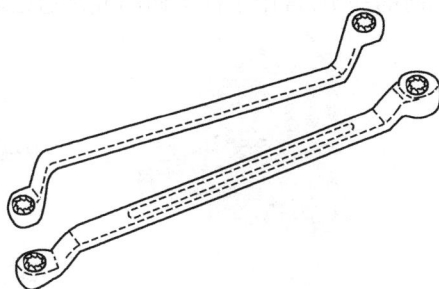

图4-7 区别使用弯头不同的扳手

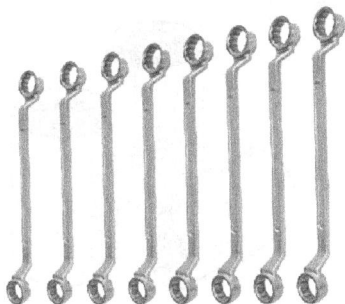

图4-8 长短不同的梅花扳手

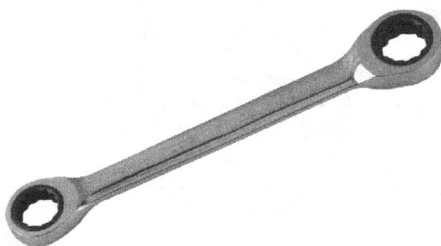

图4-9 棘轮扳手

专家提醒

在工作中遇到较紧的螺栓不易旋松时,禁止在手柄上再增加力臂或用锤子击打手柄,以免折断扳手。

3. 内六角扳手和花形内六角扳手

螺丝刀的拧紧力受限制,为了保证完全拧紧,应该使用内六角扳手,也称为六角杆扳手(图4-10),经常用于变速器放油螺塞和减振器活塞杆等的紧固,扳手形状除 L 形之外,还有套筒头类型。

花形内六角扳手(图4-11)在日系车型上运用逐渐增多,其特色是六角的边并带圆形形状,在缩小体积的同时可增大传递力矩。

4. 套筒扳手

套筒扳手(图4-12)由套筒与扳手组成。套筒扳手与梅花扳手有些相似,但它可以从扳手上拆下来,用时可根据需要配装各种不同规格的套筒,套筒扳手需要选择与螺栓配套尺寸的套筒装在手柄上来拧紧螺栓。

1)标准套筒

套筒(图4-13)套住螺栓或螺母上,套筒里面的形状与梅花扳手相似,有 6 角和 12 角之分。6 角套筒比 12 角套筒有更坚固的内壁,对螺栓的夹持力更大,不过 6 角套筒的边角只有

12 角套筒的一半,常用于拧生锈的或棱边已磨损的螺栓,在尺寸较小时这一特性更加明显。

花形内六角扳手

套筒型内六角扳手

图 4-10　内六角扳手　　　　　图 4-11　花形内六角扳手

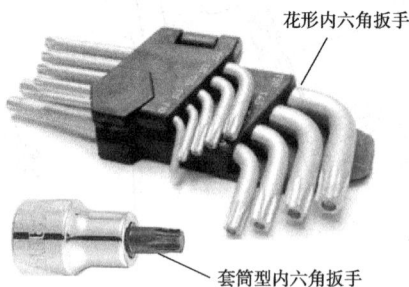

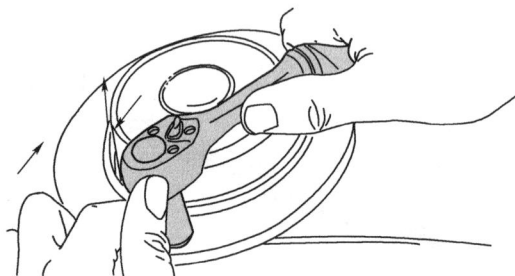

图 4-12　套筒扳手　　　　　　　　图 4-13　套筒

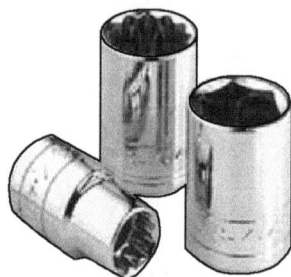

2)长套筒

长螺栓中部有螺母时,因螺栓突出量过多,普通的套筒会被顶住。如果不注意的话,套筒会浮起滑脱,这种情况下应该选择长套筒(图4-14)。长套筒在高级系列成套套筒扳手中经常是标准配置,也可以另外单独购买经常使用的尺寸规格的产品。

3)延长杆

在旋转位置较深处螺栓和螺母时,需要使用延长杆(图4-15),使用时要用手固定延长杆的上端。延长杆尺寸越长,越难正确使用。套件中往往配有 150mm 和 75mm 规格的两根延长杆。有的为了方便使用,还有使套筒产生偏角的可摆动型延长杆和能防止套筒滑脱带锁止机构的产品等。

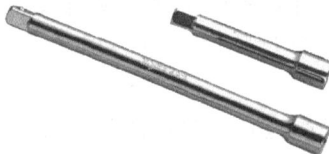

图 4-14　长套筒　　　　　　　图 4-15　长短延长杆

4)万向接头

套筒扳手的手柄和套筒垂直连接,但车辆上很多地方扳手无法直接伸入。这时候如果使用万向接头(图4-16)是非常方便的。一般加在套筒和延长杆之间使用。偏角太大时,力的传递效率会降低,所以在使用时应尽可能接近垂直状态。

快速扳手通过齿轮机构,可以保持棘轮咬合螺栓的情况下,只往复转动手柄就能拧动螺栓。棘轮倾斜或套的比较浅时(图4-17),易发生突然滑脱。特别是在连续拧紧时应加以注意。

图4-16 万向接头

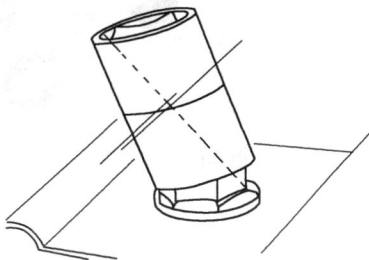

图4-17 套筒与螺母不能倾斜使用

5)手柄类

最初使用套筒扳手时仅使用棘轮手柄就非常有效。但随着工作的深入,往往感觉仅凭棘轮是不够用的。这时就需要使用其他形式的手柄,如滑动T形杆、摇头手柄、L形手柄、快速摇杆等,如图4-18所示。

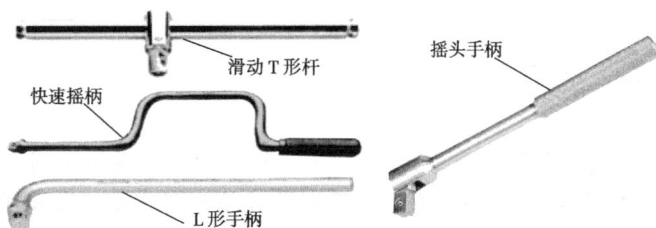

图4-18 手柄

(1)滑动T形杆横杆部可以滑动调节,便于使用更大的力快速旋拧。通常与延长杆和棘轮转换头组合使用。

(2)摇头手柄的长度比较长,更容易使力,方樺的角度可以改变,所以可操作的范围也得到扩大。

(3)L形手柄结构简单,但正因为没有铰链等角度可调的部件,所以强度高,能承受较大力。

(4)快速摇柄可用来加快拆下或装紧螺栓的速度,使工作效率提高,但不能达到较大力矩。

5. 扭力扳手

扭力扳手是一个能够显示螺栓所受力矩大小的棘轮或扳手,扭力扳手可与不同尺寸的驱动头一起使用。将套筒装在驱动头上,然后再连接到螺栓,当有力加于螺栓时,扭力扳手就能显示该力矩的数值。

扭力扳手有4种基本类型(图4-19)。

(1)桁条式扭力扳手。由于采用桁条指示力矩值,这种扭力扳手不是很精确。

(2)声响式扭力扳手。这种扳手在手柄上设置所需的力矩值,当力矩达到设定值时,扳手发出"咯嗒"声。

(3)表盘式扭力扳手。这种扳手由一个表盘指示加于扳手的力矩值。有些扳手上设有灯或蜂鸣器,当达到所需力矩时,就会发光发响。

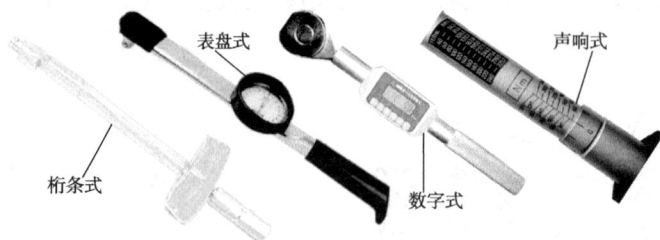

图4-19　扭力扳手

(4)数字式扭力扳手。这种扳手以数字显示力矩值,常用于测量螺栓紧固程度。有些扳手则设有发光装置或蜂鸣器,当达到所需力矩时,就会发光或响声。

在使用前,先从维修手册中查出力矩要求及操作步骤,然后将规定力矩分为三份(即分三次拧紧螺栓)。使用时,一手按住套筒一端,另一手平稳地拉动扭力扳手的手柄(图4-20),并观察扭力扳手所指示的力矩数值。

专家提醒

切忌在过载的情况下使用扭力扳手,以免造成读数不准或扳手损坏。用后应将扭力扳手平稳放置,避免重物撞、压,造成扳手杆或扳手指针变形而影响其测量精度,甚至损坏扳手。

6. 活动扳手

活动扳手的开口可以根据需要在一定范围内调节其开度。活动扳手如图4-21所示。活动扳手用于拆装不规则的并带有棱角的螺母或螺栓。

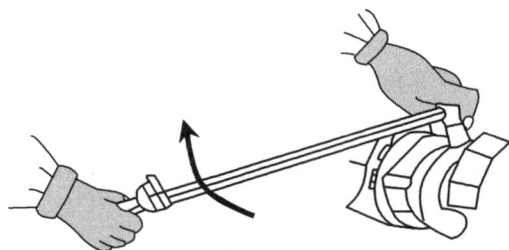

图4-20　扭力扳手的使用

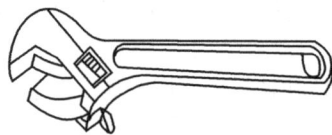

图4-21　活动扳手

使用活动扳手时,应将活动钳口调整合适;工作时应使扳手可动部位承受推力,固定部分承受拉力,并且用力应均匀,如图4-22所示。

7. 管子扳手

管子扳手如图4-23所示,是用来转动管子、圆棒以及其他扳手难以夹持的光滑圆形工件的工具。

操作时,要注意管子扳手的扳口方向,正确方向如箭头方向所示。另外,因扳口上有齿槽,工作时会将工件表面损伤,故禁止用管子扳手拆装螺栓、螺母,以免损坏它们的棱角。

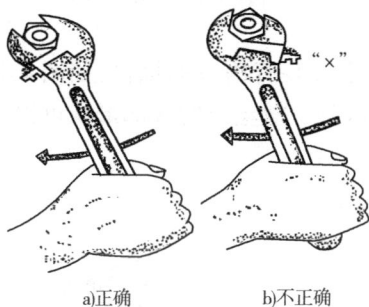

a)正确 b)不正确

图4-22 活动扳手使用

图4-23 管子扳手

8.动力扳手

动力扳手可以使维修工作更容易,动力扳手比手动扳手动作更快,力矩更大。但是,动力扳手需要更多的安全措施,因为除非关掉动力源,否则动力扳手不会自动停下来,动力由空气(气动)或电力供给。动力扳手只用来旋松螺母和螺栓,动力扳手对力矩不敏感,因此,紧固件被气动扳手旋紧后,应使用扭力扳手最后拧紧。

气动扳手和电动扳手分别用压缩空气和电力作为动力对螺栓、螺母进行拆卸。气动扳手如图4-24所示。电动扳手如图4-25所示,该电动扳手由扳手主体、一体化反力臂和力矩控制仪组成。

接气泵

图4-24 气动扳手

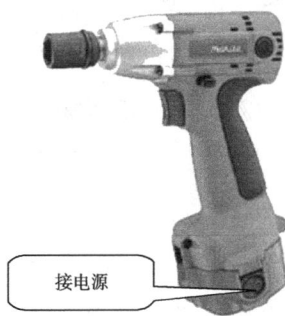

接电源

图4-25 电动扳手

专家提醒

使用动力扳手时,只能选用配套的套筒及其接杆。如果选用其他类型的套筒和接杆,套筒和接杆就可能碎裂或飞脱,危及操作者和附近其他人的安全。

(二)螺丝刀

1. 普通螺丝刀

在汽车上,螺丝刀用于拧动许多螺钉紧固件。各种螺钉紧固件都需要一种专用螺丝刀,维修人员需准备多种尺寸的各种螺丝刀。

螺丝刀由手柄、刀体、刀口三个部分组成,用于拆装有槽口的螺钉,如图4-26所示。螺丝刀根据尺寸、端部形状和适用的紧固件类型来区分。螺丝刀的端部形状可以分为六角形、一字形、十字形、梅花形等,如图4-27所示。

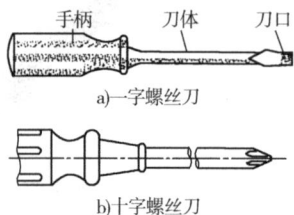

图4-26 螺丝刀

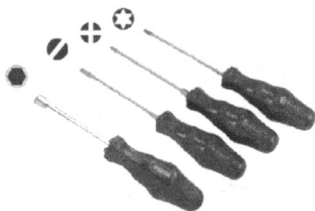

图4-27 螺丝刀端部形状

一般情况下,使用螺丝刀时应按照"7分压、3分旋转"的比例施加作用力(图4-28)。当拧很紧的小螺钉时,应单手压住螺丝刀手柄,另一只手旋转拧动(图4-29)。特别要注意避免螺丝刀在螺钉头部打滑。

图4-28 一般情况下

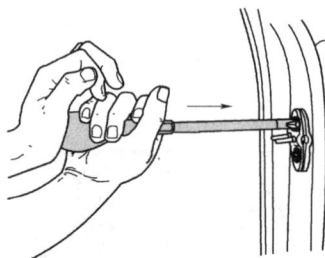

图4-29 需要强力旋转时

在拧较深位置的小螺钉时,不得不将螺丝刀倾斜,但若有滑动则会造成螺钉头部损坏(图4-30),因此,尽量不倾斜使用。如是一字槽螺钉,因螺钉与螺丝刀容易滑脱,应用指尖扶持对准,避免端部滑脱,然后均匀旋转(图4-31)。

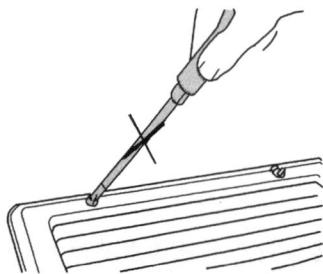

图4-30 不要倾斜使用

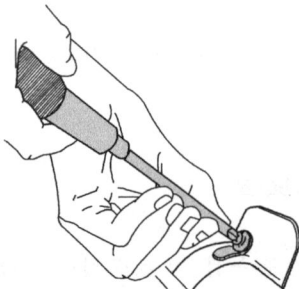

图4-31 一字槽螺钉应用手扶持

使用螺丝刀旋转螺钉时应注意选择与沟槽和间隙相配合的工具,如果选错尺寸会损坏螺钉导致无法旋转(图4-32)。

专家提醒

普通螺丝刀不应当作凿子、冲子或撬杠使用。因为它不是为承受冲击力或弯曲力而制造的。使用后螺丝刀旋头将会磨损、变圆,并且容易从紧固件中滑出。切记缺损的工具是危险的工具。

2. 冲击螺丝刀

冲击螺丝刀(图4-33)用来松动拧得过紧或锈住的螺钉,冲击螺丝刀中心是一穿心杆,有可换端头,一个手柄可以用不同样式的螺钉头。

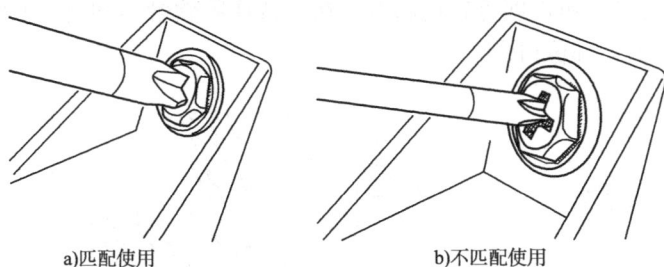

a)匹配使用　　　　　　b)不匹配使用

图4-32　配合螺钉类型和尺寸使用

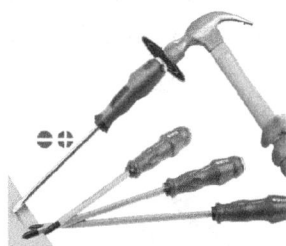

图4-33　冲击螺丝刀

使用冲击螺丝刀时,将合适的端头插入其头部,将端头顶在螺钉槽口中,然后按照所需方向用力拧转手柄,再用锤子敲击手柄后端。锤子会向螺钉上施加一个向下的力,同时也对螺钉施加了一个旋转力。

(三)手用钳

手用钳是一种用于夹持和固定工件或者扭转、弯曲、剪断金属线丝的手工工具。手用钳的种类很多,在汽车维修作业中经常使用的有鲤鱼钳、尖嘴钳、钢丝钳、锁止钳和可调钳等。

(1)鲤鱼钳:可用来切割金属丝,或弯扭铜、铁质料,夹持扁或圆柱形的小工件。由于钳爪可以在销轴上滑动,从而可以改变钳口的开度大小。其外形如图4-34a)所示。

(2)尖嘴钳:有长锥形钳爪,这有利于夹持小零件或伸入细缝处,许多尖嘴钳也有剪丝刃和剥线器,弯形尖嘴钳可以在工件边角的小部件上作业。其外形如图4-34b)所示。

(3)钢丝钳:用来剪切汽车上的导线接头、开口销和金属丝,钳口有非常硬的可将被切部位剪断的切刃。其外形如图4-34c)所示。

(4)锁止钳:除了能将物件锁紧外,与标准钳一样,这种钳子对连接在一起的零件很有效,也可牢固地夹持那些边角变圆的很难用扳手或套筒拧紧的紧固件。锁止钳有多种尺寸和钳口外形,在汽车修理中可以用于许多作业。其外形如图4-34d)所示。

(5)可调钳。可调钳常称作槽型锁止钳(图4-35),它有一个可以滑动的销轴,钳口的开度大小能够多级调节。

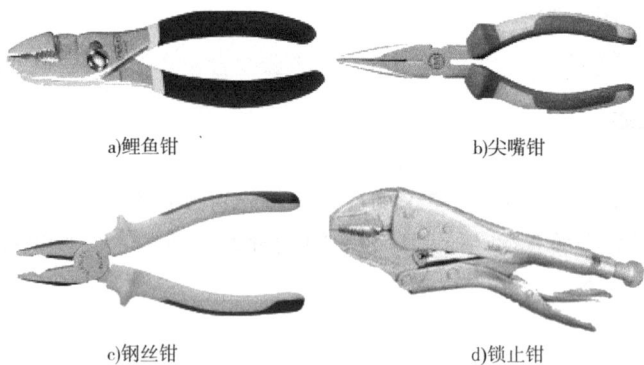

a)鲤鱼钳　　　　　　　　　b)尖嘴钳

c)钢丝钳　　　　　　　　　d)锁止钳

图4-34　常用手用钳

拆卸固定软管的弹簧式卡箍时,张开钳口即可轻松卸下。在夹持橡胶软管拆卸时,应垫上布,同时控制力的大小,以免损伤夹紧部位(图4-36)。

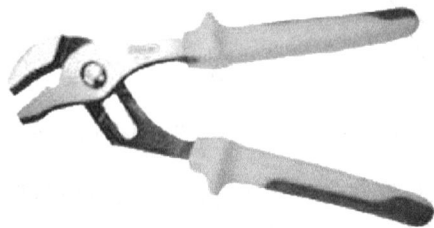

图4-35　典型的可调钳

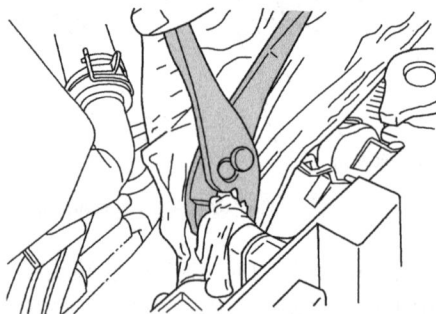

图4-36　防止夹伤零件

(四)工作灯

图4-37　工作灯

维修汽车内部或底部时,需要有充足的光线。工作灯(图4-37)由电池(像手电筒)或接到插座上供电,有些修理店将照明灯吊在固定于天花板的旋绕线上。工作灯采用白炽灯泡或荧光灯管,由于白炽灯泡可能会爆炸和灼伤人体,因此,强烈推荐只选用荧光灯管。使用工作灯时要格外小心,确保导线不要缠住旋转物体,灯泡或灯管用隔离罩封住或用透明的塑料板围起来,以防发生爆炸或灼伤事故。

(五)手锤

手锤又称锤子或榔头,一般由锤头、锤柄和铁楔三部分构成。锤头多用钢材锻造而成,用以敲击工件;有的锤头用铜、硬木或橡胶制成,即所谓的"软锤",用以敲击不宜用钢质锤头敲击的工件或薄板等。手锤的种类繁多,常用手锤如图4-38所示。

a)羊角锤　　　　　　　　b)圆头锤

c)防振橡胶锤　　　　　　　　d)木槌

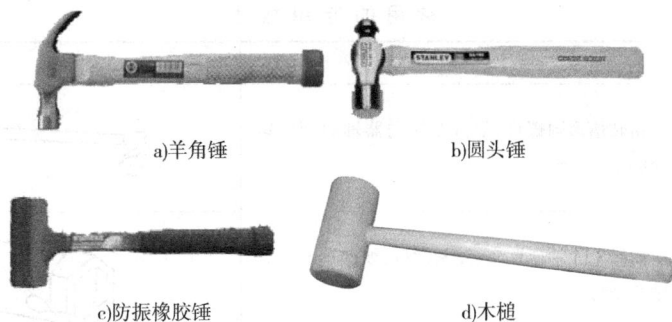

图 4-38 　常用手锤

小型手锤用一只手使用。手锤的使用手法有 3 种:腕挥、肘挥、臂挥,如图 4-39 所示。腕挥是用手腕的力运锤,敲击力小,速度快,击点准确。肘挥是用小臂和腕的力运锤,敲击力较大,击点不很准确。臂挥是用大臂、小臂和腕的力运锤,敲击力大,但使用不熟练时往往击点不准。大锤用双手使用,用以击打需要重击的部位。

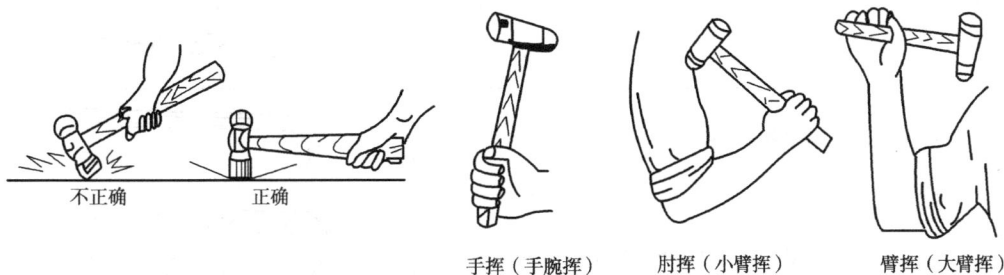

不正确　　　　　正确　　　　　手挥（手腕挥）　　　肘挥（小臂挥）　　　臂挥（大臂挥）

图 4-39 　握锤和挥锤的方法

专家提醒

使用手锤之前应将锤和工件上的油污等擦净,确保锤头与手柄接合牢固。击打时使锤头平面与工件表面贴合,不准用锤头的棱边击打工件,严防锤头脱出造成损伤。

二、专用工具及使用

1. 专用扳手

专用扳手是一种用途较为单一的特殊扳手的通称,通常以其用途或结构特点来命名。每一种专用扳手又可以按照不同规格的尺寸进行分类。在使用专用扳手时,必须选用与零件相适应的扳手,以免扳手滑脱伤手或损坏零件。常用的专用扳手见表4-1。

常用的专用扳手 表4-1

扳手名称	主要用途	图 例
圆螺母扳手	扭转槽形圆螺母,如汽车转向器轴向调整螺栓的紧固螺母	
叉形凸缘及转向螺母套筒扳手	扭转轮毂轴承调整、缩紧螺母,如汽车前轮毂轴承螺母	
方扳手	扭转四棱柱头部的螺栓,如油底壳、变速器等的放油螺塞	
叉形扳手	拧紧圆柱孔定位的螺母,如减振器顶盖等	
气门芯扳手	拆装轮胎的气门芯	
钩形扳手	扭转槽形圆螺母等	
专用套筒扳手	扭转特殊螺栓或螺母的扳手,如轮毂轴承螺栓、螺母、轮胎螺母	

2. 火花塞套筒

火花塞套筒(图4-40)是用于拆装火花塞的专用工具。使用时应将火花塞套筒对正火花塞,并使火花塞六方与套筒六方完全结合,然后再进行拆卸。

3. 滤清器扳手

润滑油滤清器多为筒式,用螺纹拧紧固定,应使用固定尺寸的杯式滤清器扳手或可调整宽度的带式滤清器扳手等工具(图4-41)。

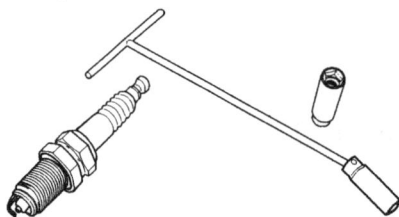

图4-40 火花塞及套筒扳手

图4-41 润滑油滤清器及滤清器扳手

4. 卡环钳

卡环钳由可使钳口在不同开度下能够保持平行的杆系组成(图4-42),两钳腿一端铰接在一起,另一头可实现张开、合拢的功能。钳腿上设有调节机构,带动钳腿张开、合拢,完成内、外弹性卡环的装、拆工作。卡环钳的使用如图4-43所示。

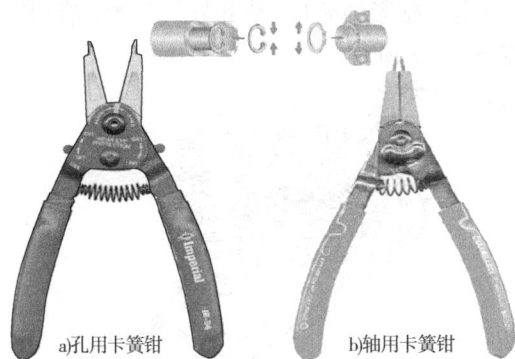

a)孔用卡簧钳　　　　　b)轴用卡簧钳

图4-42　卡环钳

a)轴用卡环钳使用　　　b)孔用卡环钳使用

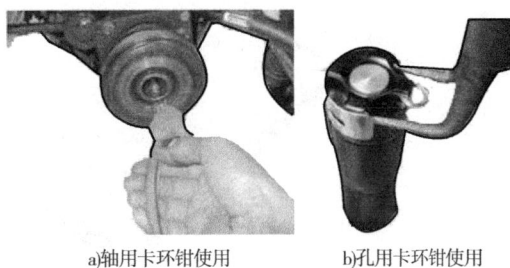

图4-43　卡环钳使用

5. 活塞环拆装钳及压缩器

活塞环拆装钳是一种专门用于拆装活塞环的工具,如图4-44所示。维修发动机时,必须使用活塞环拆装钳拆装活塞环。

使用活塞环拆装钳时,将拆装钳上的环卡卡住活塞环开口,握住拆装钳的手柄稍稍均匀用力,并使手柄慢慢地收缩,环卡将活塞环徐徐地张开,使活塞环能从活塞环槽中取出或装入。

使用活塞环压缩器装配活塞环,在放松活塞环压缩器时要一只手控制住手柄,缓慢放大,避免弹开过快和过大,甚至划伤手及活塞环压缩器损坏;在装配活塞环时,在拧紧活塞环压缩器后要用手锤把手轻轻将其敲平齐,再次拧紧,以保证活塞环被压缩在活塞环槽中。否则,容易导致活塞环轻微张开,不易装入汽缸中(图4-45)。

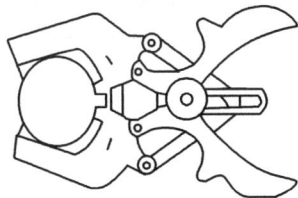

图4-44　活塞环拆装钳

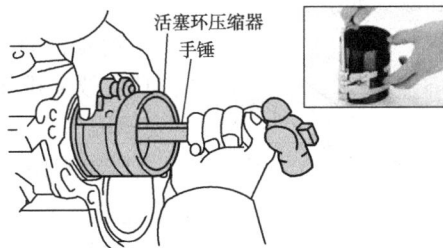

活塞环压缩器
手锤

图4-45　活塞环装配

专家提醒

使用活塞环拆装钳拆装活塞环时,用力必须均匀,避免用力过猛而导致活塞环折断,同时也能避免伤手事故。

6. 气门弹簧装卸钳

气门弹簧装卸钳(图4-46)用于装卸气门弹簧。使用时,将钳口收缩到最小位置,插入气门弹簧座下,然后旋转手柄,左手掌向前压牢,使钳口贴紧弹簧座,装卸好气门锁(销)片后,反方向旋转气门弹簧装卸手柄,取出装卸钳,如图4-47所示。

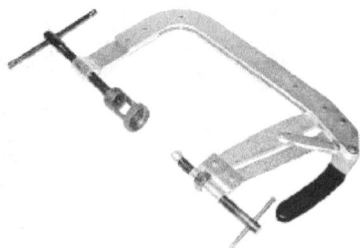

图4-46　气门弹簧装卸钳　　图4-47　气门弹簧装卸钳的使用

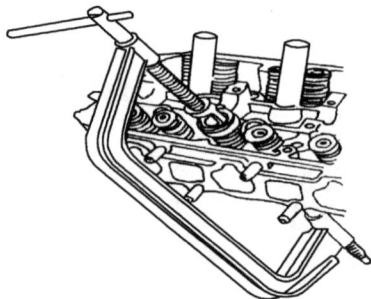

7. 润滑脂枪

润滑脂枪又称为黄油枪,其外形如图4-48所示。它是一种专门用来加注润滑脂的工具。其使用方法如下。

1)填装润滑脂

(1)拉出拉杆使柱塞后移,拧下润滑脂枪压力缸筒前盖。

(2)把干净润滑脂分成团状,徐徐装入缸筒内,且使润滑脂团之间尽量相互贴紧,以便于缸筒内空气的排出。

(3)装回前盖,推回拉杆,柱塞在弹簧作用下前移,使润滑脂处于压缩状态。

2)加注

(1)把润滑脂枪接头对准被润滑的润滑脂嘴(滑油嘴),直进直出,不能偏斜,以免影响润滑脂加注和减少润滑脂的浪费。

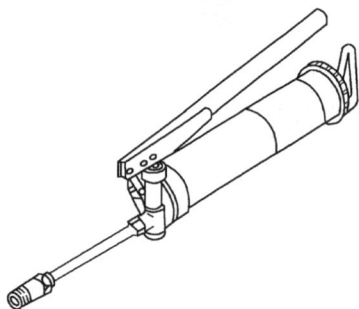

图4-48　润滑脂枪

(2)加注时,如果注不进去,应立即停止,并查明堵塞的原因,故障排除后再进行加注。加注润滑脂时加不进的主要原因为:

①润滑脂枪缸筒内无润滑脂或压力缸筒内的润滑脂间有空气。

②润滑脂枪压油阀堵塞或注油接头堵塞。

③润滑脂枪弹簧疲劳过度造成弹力不足或弹簧折断而失效。

④柱塞磨损过大而导致漏油。

⑤润滑脂嘴被污泥堵塞而不能注入润滑脂。

8. 冲子

冲子可用来冲掉销子、铆钉和杆,在装配零件时也用于对准孔,还能在钻孔时定心,冲子用其尖端直径和外形来区分(图4-49)。冲子用于拆卸楔形和圆形销,铜制冲子用于要避免损伤销子或其表面的拆卸作业,锥形冲子用于对正螺栓孔,定心冲子用于钻孔前在零件上冲出一个凹坑,以防止钻孔时钻头偏离。

9. 螺栓取出器

螺栓取出器用于拆卸断在零件表面以下的螺钉或螺栓,螺栓取出器套件包括螺旋钻头、槽式拉器(图4-50)。由于螺栓取出器能够将拔取螺栓或螺钉的抓取力分布在螺栓全长上,所以,可以减小螺栓或螺钉的膨胀趋势。

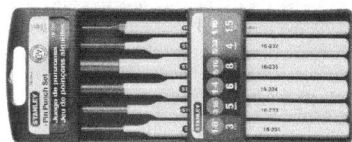

图4-49 冲子

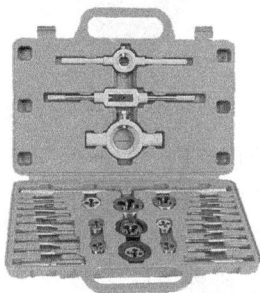

图4-50 螺栓取出器套件

取螺栓时必须要在螺栓中钻孔,螺栓取出器装入钻孔后,牙纹将钻孔卡住,就可以将螺栓旋出。螺栓取出器一般在其一端冲印所需的钻头尺寸。

10. 锉刀

锉刀是一种用于锉削金属板、金属棒或塑料板等的工具。锉刀由锉刀面、锉刀边、锉刀舌、锉刀尾、木柄等部分组成(图4-51)。

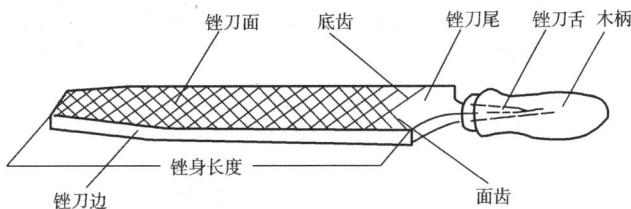

图4-51 锉刀的各部分名称

1)锉刀的分类

锉刀的种类按用途可分为钳工锉、整形锉和异形锉3类。

(1)钳工锉(图4-52)按其截面形状可分为平锉、圆锉、半圆锉、方锉和三角锉5种;按其齿纹可分为单齿纹锉、双齿纹锉;按其齿纹粗细可分为粗齿锉、中齿锉、细齿锉、粗油光(双细齿)锉、细油光锉5种。

(2)整形锉(图4-53)主要用于精细加工及修整工件上难以机加工的细小部位,由若干把各种截面形状的锉刀组成一套。

(3)异形锉(图4-54)可用于加工零件上的特殊表面,它有直的、弯曲的两种,其截面形状很多。

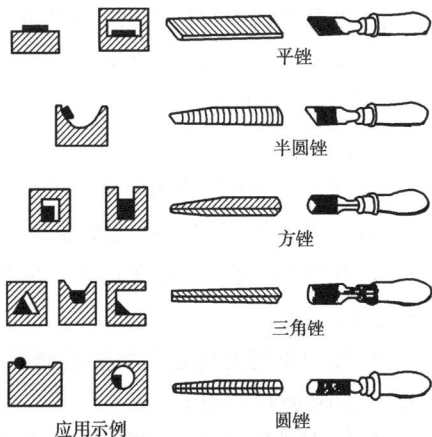

平锉
半圆锉
方锉
三角锉
应用示例
圆锉

图4-52 钳工锉及截面形状

图 4-53　整形锉

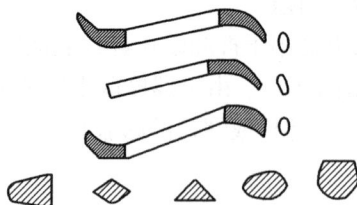

图 4-54　异形锉及断面形状

2) 锉刀的选用原则

选择锉刀的形状要根据加工工件的形状来决定;选择锉刀的粗细,根据加工余量大小、加工精度的高低和工件材料的软硬决定。一般粗锉适合锉加工余量大,加工精度和表面粗糙度低的软金属,细锉刀反之。

3) 锉刀的基本使用方法

最典型的锉刀的使用方法如图 4-55 所示,右手握锉柄,用力方向与锉的方向一致,左手握住锉头处。锉的方向与工件成 45°角,还要保持锉成水平状态。

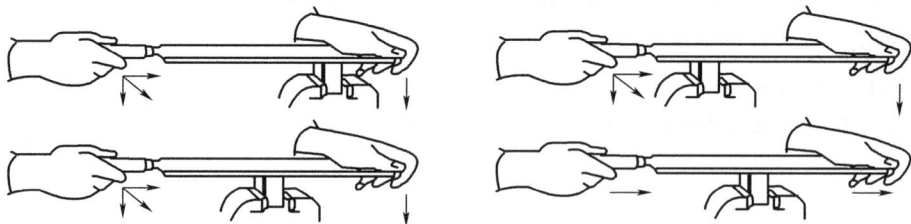

图 4-55　锉刀的使用

使用大的锉刀时,右手握住锉柄,左手压在锉刀前端,使其保持水平。使用中型锉刀时,因用力较小,可用左手的拇指和食指握住锉刀的前端,以引导锉刀水平移动。锉削时因始终保持锉刀水平移动,因此,要特别注意两手的施力变化。开始推进锉刀时,左手压力大右手压力小;锉刀推到中间位置时,两手的压力大致相等;再继续推进锉刀,左手的压力逐渐减小,右手压力逐渐增大。返回时不加压力,以免磨钝锉齿和损伤已加工表面。

4) 锉刀使用中的注意事项

(1)锉刀在使用前要检查锉刀是否处于良好状态,保证锉刀的拉紧套筒松紧度适中。

(2)使用锉刀的过程中要轻拿轻放,防止锉刀片碎裂伤人。

(3)在工作过程中严禁把锉刀当作手锤使用。

(4)在锉削行程中,要保持锉刀面平稳地与修复面接触,不可左右晃动,避免产生过大、过深的锉刀痕。

(5)锉刀推进的行程应参照需修复面积的大小而定,在满足返修质量要求的同时,应尽量选择较小的锉削面积。

(6)锉刀锉削几次后,要对刀片上的铁屑进行清除。可以使用轻轻敲击锉刀的方法,或者使用纱布等辅助工具将铁屑擦除掉。

专家提醒

严禁使用无柄锉刀,以免把手刺伤;在锉削后不要用口吹铁屑,以免屑末飞入眼内;不要用手触摸加工表面,防止手上的油污沾染工件使锉刀打滑。

11. 管口锥形扩张夹具

1)用途

管口锥形扩张夹具用来对管口进行锥形扩张。由管口锥形扩张器和管夹具两个部分组成。管口锥形扩张器如图4-56a)所示,它由操作手柄、螺杆、弓架和90°顶尖组成。管夹具如图4-56b)所示,它由长短两个夹板块组成,并有两个活动螺钉及蝶形螺母使之装合和分解。在长短夹板块的内侧分别钻有各种不同规格的半圆细螺纹孔,孔端锪成90°角。

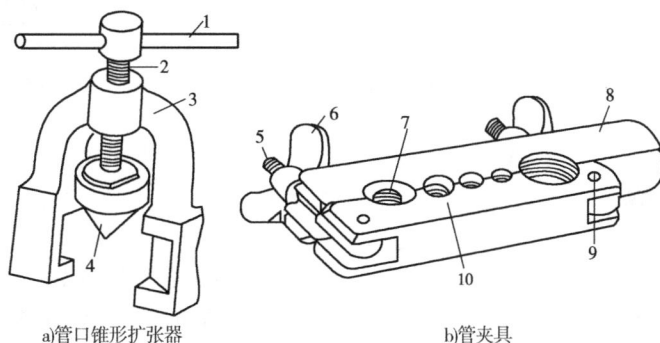

a)管口锥形扩张器   b)管夹具

图4-56 管口锥形扩张夹具
1-操作手柄;2-螺杆;3-弓架;4-90°顶尖;5-螺栓;6-蝶形螺母;7-螺孔;8-长夹板;9-销钉;10-短夹板

2)安全使用及注意事项

(1)管口扩张前,应检查管口端面是否夹平整,材料若是纯铜,必须进行软化处理。

(2)管口扩张时,应将管子放入相应的管夹具孔内,并须与管夹具垂直,管口端面高出管夹具平面2~5mm,然后拧紧蝶形螺母,套上弓架,使下端内侧的斜槽与夹板块两侧贴合,顶尖要对准管口,再旋转操作手柄,使螺杆下降,管口逐渐被扩张成喇叭形,直到与管夹具倒角接触为止。停留片刻后,反向旋转操作手柄,拆卸弓架,再松开两蝶形螺母,取出管子。

12. 拉器

许多精密的齿轮和轴承安装到轴或壳体上时都有一点过盈配合,可以防止零件相互移动。拆卸过盈配合的齿轮和轴承时必须小心,撬动或捶打可能使零件断裂或黏合。需要使用拉器缓慢而稳定地拉出。

为了适应内外牵拉,设计了多种拉器(图4-57),这些拉器可以与多种长度和外形的钳爪配合使用,以适应不同的作业条件。

使用拉器时,在轴端与压力螺杆之间放一垫板,用拉爪拉住齿轮或轴承,然后拧紧压力螺杆,即可将齿轮等过盈配合安装零件从轴上拉下,如图4-58所示。

13. 台式砂轮机

电动砂轮机(图4-59)一般用螺栓固定在工作台上,砂轮机应有安全盾牌和防护罩,使用砂轮机时要注意保护砂轮承磨表面。砂轮机根据轮盘的大小来分级,6~10in 轮盘在汽车维修店中最常见。台式砂轮机使用的轮盘有 3 种类型。

(1)砂轮:用于磨尖切削工具和去毛刺等多种研磨作业。

(2)钢丝刷盘:一般用于清理与打磨、去除铁锈、污垢沉积、油漆以及毛刺等。

(3)抛光轮:一般用于打磨、抛光和轻微磨削。

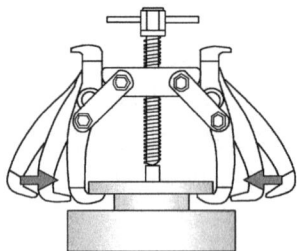

图 4-57 拉器

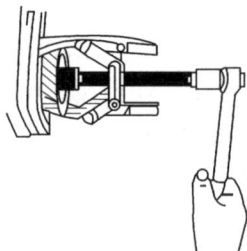

图 4-58 拉器的使用

图 4-59 台式砂轮机

专家提醒

使用砂轮前要仔细阅读使用说明书。砂轮机必须安装牢固可靠,紧固螺栓不准松动或损坏。砂轮机开动后,空转 2~3min,方可使用。磨削时,工作者不准站在砂轮正面,必须戴防护镜及防尘口罩,磨削时间较长的工件,应及时进行冷却,防止烫手,禁止用棉纱等裹住工件进行磨削。

14. 压床

在许多汽车维修作业中,都需要使用压床(图4-60)来拆卸和装配过盈配合的零件部件,拆卸和安装活塞销、维修后轴轴承、压制动鼓和柱销、组装变速器总成只是压床应用的几个例子(图4-61)。压床可以用液力、电力、气压或人力来驱动,压床的压力取决于其尺寸和结构,最高压力可以达到 150×10^4 N。小型的门架式和悬臂式压床可以固定在工作台上或底座上,大型压床则是独立的或固定在地基上。

图 4-60 液压压床

图 4-61 液压压床使用

15. 千斤顶

千斤顶是一种起重高度小(小于1m)的最简单的起重设备。它有机械式(图4-62)和液压式两种。机械式千斤顶又有齿条式与螺旋式两种,由于起重量小,操作费力,一般只用于机械维修工作,在修理车桥过程中不适用。液压式千斤顶结构紧凑,工作平稳,有自锁作用,故使用广泛。其缺点是起重高度有限,起升速度慢。按其结构形式分为立式千斤顶(图4-63)、卧式千斤顶(图4-64)、爪式千斤顶、同步千斤顶、一体式千斤顶和电动千斤顶等。

图4-62 机械式千斤顶

图4-63 立式千斤顶

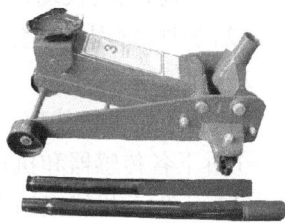

图4-64 卧式千斤顶

1)使用方法

以液压式千斤顶为例,具体方法如下。

(1)起顶汽车前,应把千斤顶顶面擦拭干净,拧紧液压开关,把千斤顶放置在被顶部位的下部,并使千斤顶与被顶部位间相互垂直,以防千斤顶滑出而造成事故。

(2)用三角形垫木,将汽车着地车轮前后塞住,防止汽车在起顶过程中发生滑溜事故。

(3)旋转顶面螺杆,改变千斤顶顶面与被顶部位的原始距离,使起顶高度符合汽车需要的顶置高度。

(4)用手上下压千斤手柄,被顶汽车逐渐升到一定高度,在车架下放入搁车凳,禁止用砖头等易碎物支垫汽车。落车时,应先检查车下是否有障碍物,并确保操作人员的安全。

(5)徐徐拧松液压开关,使汽车缓慢平稳地下降,并架稳在搁车凳上。

2)安全使用及注意事项

(1)汽车在起顶或下降过程中,禁止在汽车下面进行作业。

(2)应徐徐拧松液压开关,使汽车缓慢下降,汽车下降速度不能过快,否则易发生事故。

(3)在松软路面上使用千斤顶起顶汽车时,应在千斤顶底座下加垫一块有较大面积且能承受压力的材料(如木板等),防止千斤顶由于汽车重压而下沉。

(4)千斤顶把汽车顶起后,当液压开关处于拧紧状态时,若发生自动下降故障,则应立即查找原因,及时排除故障后方可继续使用。

(5)若发现千斤顶缺油时,应及时按规定补充足够的油液,不能用其他油液代替。

(6)千斤顶不能用火烘热,以防皮碗、皮圈损坏。

(7)千斤顶必须垂直放置,以免因油液渗漏而失效。

技能训练

(一)拆卸发动机附件练习工具使用

1. 准备工作

(1)场地设施:发动机拆装实训室。

(2)工具:常用工具套件,工具车。

2. 实训过程

(1)拆下发动机线束。

①拆下各传感器和执行器插接器,拆下各线束扎条。

②拆下发动机线束固定至 ECM 安装支架的导线扎条。

(2)拆卸 ECM 及插接器。

先拆卸 ECM 插接器,然后拆下固定螺栓,取下 ECM。

(3)拆卸冷却液管,拆卸燃油管需要用_____工具。

(4)拆下燃油油轨供油管,拆卸燃油管需要用_____工具。

(5)拆卸机油尺及尺管。

(6)拆卸发动机驱动皮带及张紧轮。拆卸张紧轮需要用到_____工具。

(7)拆卸发电机。

(8)拆卸空调压缩机。

(9)拆卸排气歧管。

(10)拆卸起动机。

(11)按照拆卸的相反顺序安装发动机附件。

拧紧发电机螺栓力矩为_____;拧紧起动机安装螺栓力矩为_____;拧紧张紧轮螺栓力矩为_____。

(二)更换备胎

1. 准备工作

(1)场地设施:整车(含备胎)。

(2)工具:随车工具。

2. 实训过程

(1)换备胎之前,首先应将汽车停在安全地带,然后关闭点火开关,拉紧驻车制动器操纵杆,自动挡的车辆换挡手柄置于 P 挡。使用三角垫块(或石块)挡在车轮前后,防止车辆滑动。记住下车后要在车后放置三角警示牌,避免引发交通事故,如图 4-65 所示(实训车间不用布置)。

(2)在汽车的行李舱找到备胎和随车工具,如图 4-66 所示。

图 4-65 安放三角警示牌

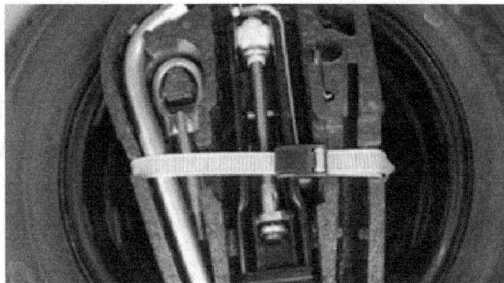
图 4-66 备胎和随车工具

（3）利用随车轮胎拆卸扳手预松轮胎车轮螺栓。

（4）利用随车千斤顶举升车辆,注意举升位置,如图 4-67 所示。

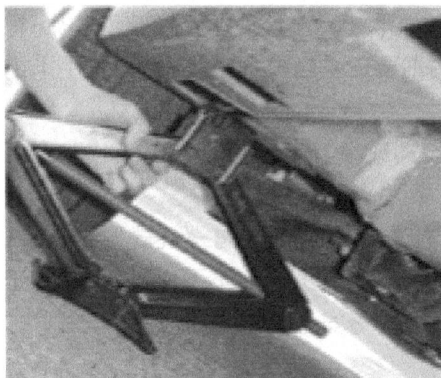

图 4-67 随车千斤顶举升车辆

（5）拆卸轮胎。

（6）预安装轮胎。

（7）拆卸千斤顶。

（8）按照轮胎规定力矩拧紧轮胎螺栓。

（9）整理整顿。

 单元小结

（1）扳手是一种拧转和夹持螺栓头或螺母的工具。每个维修人员都应当拥有一整套扳手,包括多种尺寸和形式的米制和英制扳手。汽车维修中常用的有开口扳手、梅花扳手、套筒扳手、空心螺栓扳手、管子扳手、活动扳手等。

（2）在使用开口扳手时,最好的效果是拉动,若必须推动时,只能用手来推,并且手指要伸直,以防螺栓突然松动时碰伤手指。

（3）切忌在过载的情况下使用扭力扳手,以免造成读数不准或扳手损坏。用后应将扭力扳手平稳放置,避免重物撞、压,造成扳手杆或扳手指针变形而影响其测量精度,甚至损坏扳手。

（4）使用动力扳手时，只能选用配套的套筒及其接杆。如果选用其他类型的套筒和接杆，套筒和接杆就可能碎裂或飞脱，危及操作者和附近其他人的安全。

（5）在汽车上，各种螺钉紧固件都需要一种专用螺丝刀，维修人员需准备多种尺寸的各种螺丝刀。普通螺丝刀不应当作凿子、冲子或撬杠使用。

（6）手用钳的种类很多，在汽车维修作业中经常使用的有鲤鱼钳、尖嘴钳、钢丝钳、锁止钳和可调钳等。

（7）使用手锤之前应将手锤和工件上的油污等擦净，确保锤头与手柄接合牢固；击打时使锤头平面与工件表面贴合，不准用锤头的棱边击打工件，严防锤头脱出造成损伤。

（8）在使用专用扳手时，必须选用与零件相适应的扳手，以免扳手滑脱伤手或损坏零件。

（9）使用活塞环拆装钳拆装活塞环时，用力必须均匀，避免用力过猛而导致活塞环折断，同时也能避免伤手事故。

（10）锉刀的种类按用途可分为钳工锉、整形锉和异形锉。严禁使用无柄锉刀，以免把手刺伤；在锉削后不要用口吹铁屑，以免屑末飞入眼内；不要用手触摸加工表面，防止手上的油污沾染工件使锉刀打滑。

（11）拆卸过盈配合的齿轮和轴承时必须小心，撬动或捶打可能使零件断裂或黏合。需要使用拉器缓慢而稳定地拉出。

（12）千斤顶有机械式和液压式两种。机械式千斤顶又有齿条式与螺旋式两种；液压式分立式千斤顶和卧式千斤顶等。汽车在起顶或下降过程中，禁止在汽车下面进行作业；千斤顶顶起位置要正确，否则容易损伤汽车甚至造成车辆下滑等安全事故。

思考与练习

一、填空题

1.汽车维修中常用的有开口扳手、_____、_____、空心螺栓扳手、_____等。

2.使用_____可以施加较大的力，也不会损伤螺栓棱角，使用扳手的一般姿势是_____，如果_____则难于控制力，工具滑脱时还易造成受伤。

3.在旋转位置较深处螺栓和螺母时，需要使用_____；套筒扳手的手柄和套筒垂直连接，但车辆上很多地方扳手无法直接伸入。这时候应使用_____。

4.手锤的使用手法有三种：_____、_____和_____。

5._____又称为黄油枪，是一种专门用来加注润滑脂的工具。

6.锉刀的种类按用途可分为_____、_____和_____3类。

7.千斤顶是一种起重高度小（小于1m）的最简单的起重设备。按其结构形式分为_____、_____、爪式千斤顶、_____、一体式千斤顶和电动千斤顶等。

二、选择题

1.（　　）不适用于完全拧紧时使用，但是螺栓周围空间很小导致其他扳手无法使用时，只能使用其进行调整。

A.开口扳手　　　　B.梅花扳手　　　　C.套筒扳手　　　　D.活动扳手

2.以下哪种扳手是拧螺栓的最佳选择?(　　)

A.开口扳手　　　　B.活动扳手　　　　C.套筒扳手　　　　D.以上都不是

3.以下哪种钳子最好夹取小物件?(　　)

A.可调钳　　　　　B.尖嘴钳　　　　　C.锁止钳　　　　　D.鲤鱼钳

4.技师甲在使用扭力扳手后将扭力扳手与其他工具混乱放置在一起;技师乙在使用扭力扳手时,先看扭力扳手的最大扭力是否小于螺栓力矩,避免扭力扳手过载使用。谁做得对?(　　)

A.只有甲对　　　B.只有乙对　　　C.甲、乙都对　　　D.甲、乙都不对

5.在使用气压冲击扳手时,技师甲使用冲击套筒和接杆。技师乙用镀铬套筒。谁做得对?(　　)

A.只有甲对　　　B.只有乙对　　　C.甲、乙都对　　　D.甲、乙都不对

6.技师甲在使用锉刀锉削几次后使用轻轻敲击锉刀的方法将铁屑擦除掉。技师乙在使用锉刀锉削时,左右晃动以加快锉削速度。问哪种方法正确?(　　)

A.只有甲对　　　B.只有乙对　　　C.甲、乙都对　　　D.甲、乙都不对

三、简答题

1.如何正确使用开口扳手?

2.使用梅花扳手时应注意哪些问题?

3.使用动力扳手时应注意哪些问题?

4.如何正确使用螺丝刀? 使用时应注意哪些问题?

5.使用台式砂轮机时应注意哪些问题?

6.使用千斤顶时应注意哪些问题?

7.结合实训谈谈你对工具维护的体会。

单元五 量 具

学习目标

完成本单元学习后,你应该能:

1. 了解各种量具的名称、种类及用途;

2. 知道常用量具的使用方法;

3. 正确使用量具对相关检测内容进行检测;

4. 了解汽车维修工作中常用量具的注意事项;

5. 知道有哪些专用量具及使用方法;

6. 正确使用专用量具。

建议学时:18 学时

一、常用量具及使用

一些维修工作需要进行精密的测量,例如维修发动机时,测量精度常达到 0.0001in 或 0.001mm,这种精密测量只能采用精密的测量仪器才能做到。

相关链接

机械上应用的国际单位是毫米(mm),有时在非标准的书本中看到米(m)、分米(dm)、厘米(cm)、微米(μm)等。在实际工作中,有时还会用到英制尺寸,常用的有 ft(英尺),in(英寸)等,其换算关系为:$1ft = 12in$;$1in = 25.4mm$;$1m = 10dm = 100cm = 1000mm = 10^6 \mu m$。

测量工具是精确灵敏的仪器。实际上,它们越精确,就越灵敏。所以操作时应当非常小心,禁止对测量仪器撬、敲、摔或挤压,以免产生永久性损坏。精密的测量仪器,尤其是千分尺对粗暴操作相当灵敏,每次使用前后都要清洁。所有的测量都应在室温下进行,以消除热胀冷缩带来的测量误差。

专家提醒

测量仪器要定期进行检查,以保持良好的操作性和准确性。进行任何维修和诊断之前都要查看规范的相关资料,使测量的精确度提高。因为一个微小的失误都会对发动机和其他系统的运转和耐久性造成严重的损害。

(一)钢直尺

钢直尺(图5-1)是一种最简单的测量长度且直接读数的量具,用薄钢板制成。它常用于粗测工件长度、宽度和厚度,还可用作划线的量具。常见钢直尺的规格有150mm、300mm、500mm、1000mm等,精度可达到0.5mm。

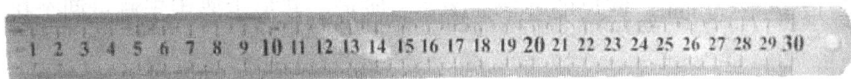

图5-1 钢直尺

(二)卡钳

卡钳是一种间接量具,从卡钳上无法直接读数,使用时需与钢直尺或其他刻线量具配合使用。卡钳分为内卡钳和外卡钳两种(图5-2)。内卡钳用来测量内径、凹槽等;外卡钳用来测量外径和平行面等。所测得的大小,都应用钢直尺或其他刻线量具来确定。

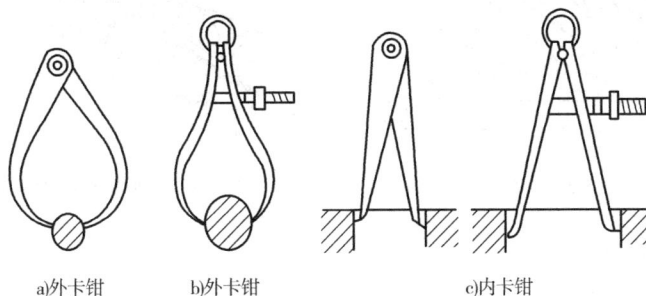

a)外卡钳　　b)外卡钳　　c)内卡钳

图5-2 卡钳

(三)划规

划规用来把钢直尺上的尺寸移到工件上以及等分线段、角度、画圆周或曲线、测量两点间距离等。划规又称为分线规,用工具钢制成,尖端经过磨锐和淬火,如图5-3所示。

(四)刀形尺和塞尺

刀形尺由刀刃口、刀体和刀背组成(图5-4),主要与塞尺配合使用检测平面的平面度。

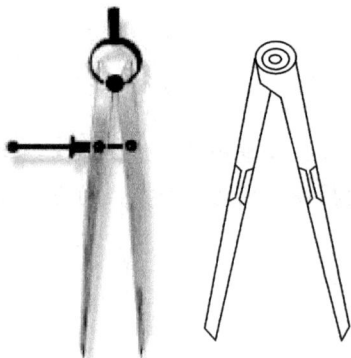

图 5-3　划规

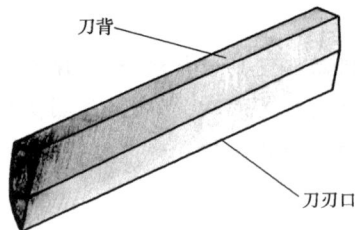

图 5-4　刀形尺

塞尺(俗称厚薄规)是一种由多片不同厚度的标准钢片所组成的测量工具,钢片上标有其厚度测量值,单位为 mm。塞尺的外形如图 5-5 所示。塞尺主要用于测量两个接合面之间的间隙值。

1. 刀形尺和塞尺的使用

检测时刀形尺的刀刃口朝下,刀背朝上,并且把刀形尺垂直地放在被检测的平面上。选择合适的塞尺钢片插入刀形尺与被测平面接触之间有空隙("漏光")的位置中(图 5-6)。来回拉动塞尺钢片,感到稍有阻力时,表明该间隙值接近塞尺钢片上所标出的数值。如果拉动时阻力过大或过小,则该间隙值小于或大于塞尺钢片上所标出的数值。

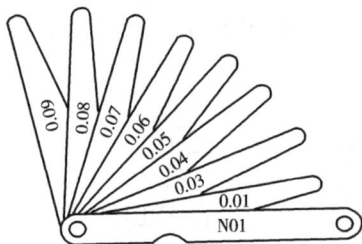

图 5-5　塞尺

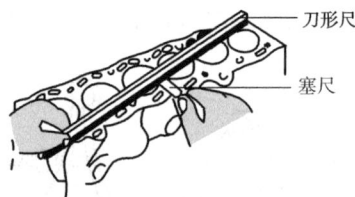

图 5-6　刀形尺和塞尺的使用

2. 使用及注意事项

(1)不允许在测量过程中,过度弯曲塞尺钢片,或用力硬将塞尺钢片插入被检测间隙中,否则,将损坏塞尺钢片。

(2)测量后,应将塞尺钢片擦拭干净,并涂上一层薄薄的润滑油或凡士林,然后将塞尺钢片收回夹套内,以防锈蚀、弯曲或变形。

(五)游标卡尺

游标卡尺是一种中等精度的量具,其结构种类较多,可以直接测量出工件的外径、孔径、长度、宽度、深度和孔距等尺寸(图 5-7)。由于游标卡尺结构简单,使用方便,因此,生产中使用极为广泛。

游标卡尺由主尺(或称尺身)和游标尺(或称副尺)组成,松开螺钉即可推动游标尺在主尺上移动,通过两个内、外径量爪可测量工件的内、外径尺寸,还可用尺背后面的深度尺测量内孔和沟槽深度。量得尺寸后,可拧紧螺钉使游标紧固。正确使用方法如图5-8所示。

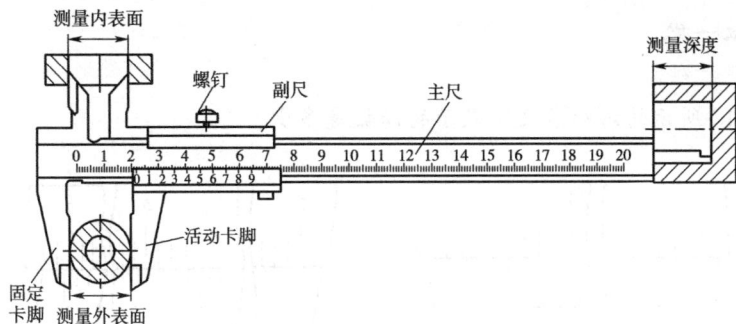

图 5-7 游标卡尺

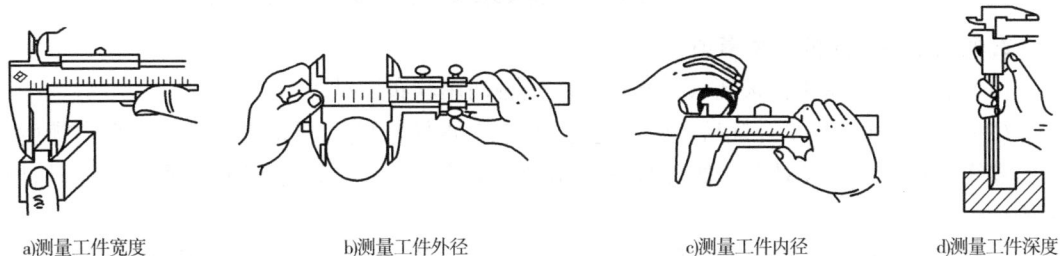

a)测量工件宽度　　　　b)测量工件外径　　　　c)测量工件内径　　　d)测量工件深度

图 5-8 游标卡尺的使用

1. 游标卡尺的刻线原理和读法

游标卡尺按其测量精度,常用的有十分度、二十分度和五十分度3种,但其工作原理是相同的,我们常使用的是五十分度的。下面以五十分度为例介绍刻线原理和读法方法。

五十分度游标卡尺的主尺上每小格1mm,当两量爪合拢时,游标上的50小格刚好与主尺上的49mm对齐(图5-9)。主尺与游标每格之差为:$1 - 49/50 = 0.02$(mm),此差值即为1/50mm游标卡尺的测量精度。

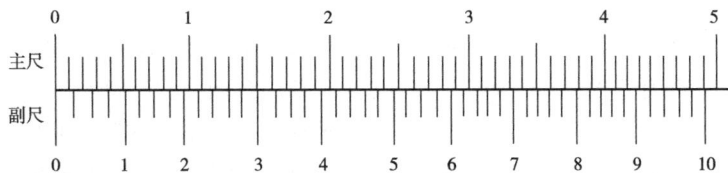

图 5-9 五十分度游标卡尺刻线原理

用游标卡尺测量工件时,读数方法分三个步骤(图5-10a):

(1)读出游标上零线左边主尺上的毫米整数,游尺上的"0刻度"在主尺的"27格"之后,主尺上的毫米整数即为"27mm"。

(2)读出游标上哪一条刻线与主尺刻线对齐,游尺上的"47格"与主尺刻度对齐。游尺上的读数应为$47 \times 0.02 = 0.94$mm。

(3)把主尺和游标上的尺寸加起来即为测得的尺寸。27 + 0.94 = 27.94mm。

做一做

图5-10b)所示的游标卡尺所显示的读数是多少?

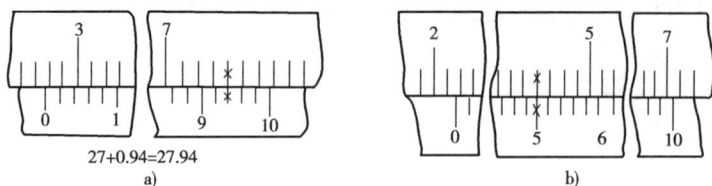

27+0.94=27.94
a)
b)

图5-10 游标卡尺的读数方法

2. 使用游标卡尺的注意事项

(1)使用前,先将工件被测表面和量爪的接触面用软布擦拭干净。

(2)卡尺的两个量爪合拢后应密不透光,经检查如漏光严重,需进行修理。量爪合拢后,游标零线应与主尺零线对齐。如对不齐,就存在零位偏差,一般不能使用,若要使用,需加校正值。

(3)游标在主尺上滑动应灵活自如,不能过松或过紧,不能晃动,以免产生测量误差。

(4)测量时,应使量爪轻轻接触零件的被测表面,保持合适的测量力,量爪位置要摆正,不能歪斜。

(5)读数时,主尺应迎着光线,视线应与主尺表面垂直,避免产生视觉误差。

3. 游标卡尺的维护

(1)不准把游标卡尺的两个量爪当扳手或划线工具使用,不准用卡尺代替卡钳、卡板等在被测件上推拉,以免磨损卡尺,影响测量精度。

(2)带深度尺的游标卡尺,用完后应将量爪合拢,否则,较细的深度尺露在外边,容易变形或折断。

(3)测量结束时,要把游标卡尺平放,特别是大尺寸卡尺,否则,易引起尺身弯曲变形。

(4)游标卡尺使用完毕,要擦净并上油,放置在专用盒内,防止弄脏或生锈。

(5)不可用砂布或普通磨料来擦除刻度尺表面及量爪测量面的锈迹和污物。

(6)游标卡尺受损后,不允许用手锤、锉刀等工具自行修理;应交专业修理部门修理,经检定合格后才能使用。

4. 其他类型的游标量具

(1)深度游标卡尺:主要用于测量孔、槽的深度和台阶的高度(图5-11)。

(2)高度游标卡尺:主要用于测量工件的高度尺寸或进行划线(图5-12)。

(3)齿厚游标卡尺:结构上是由两把互相垂直的游标卡尺组成,用于测量直齿、斜齿圆柱齿轮的固定弦齿厚(图5-13)。

另外,有的游标卡尺上还装有百分表或数显装置,成为带表游标卡尺(图5-14)或数显游标卡尺(图 5-15)。由于这两种游标卡尺采用了新的更准确的读数装置,因而减小了测量误差,提高了测量的准确性。

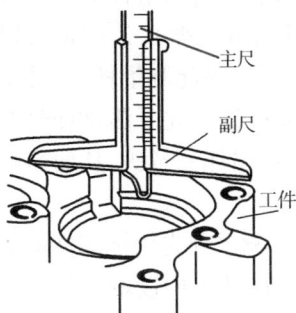

图 5-11　深度游标卡尺

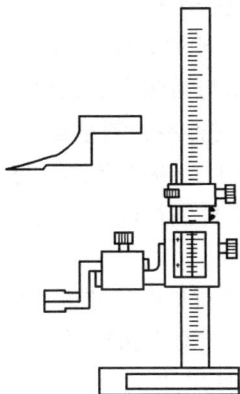

图 5-12　高度游标卡尺

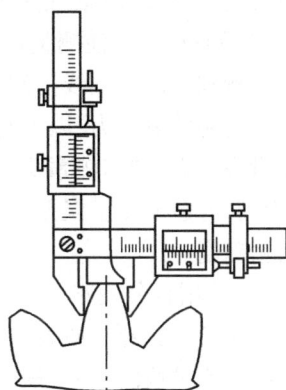

图 5-13　齿厚游标卡尺

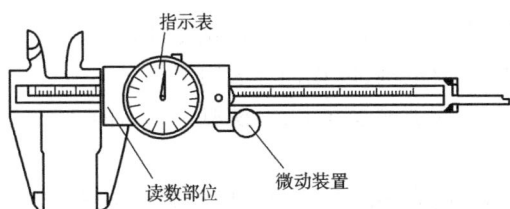

图 5-14　带表游标卡尺

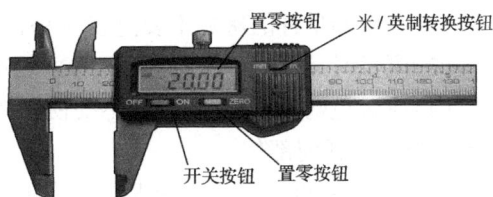

图 5-15　数显游标卡尺

(六)百分表

1.百分表的结构原理

百分表是齿轮传动式测微量具,其结构如图 5-16 所示。它常用来测量机器零件的各种几何形状偏差和表面相互位置偏差,也可测量工件的长度尺寸,具有外廓尺寸小、质量轻和使用方便等特点。使用时,必须将其固定到可靠的支架上。其工作原理是将测杆的直线位移,经过齿条与齿轮传动转变为指针的角位移。

百分表的刻度盘圆周刻成 100 等分,当大指针转动 1 周,则测杆的位移量为 1mm。即大指针每小格值为 0.01mm,大指针表盘和表圈是一体的,可任意转动,以便使指针对零位。小指针用以指示大指针的回转圈数,大指针转动一圈,小指针转动一格,即小指针每小格值为 1mm。常见百分表的测量范围为 0 ~ 3mm、0 ~ 5mm 和 0 ~ 10mm 等。

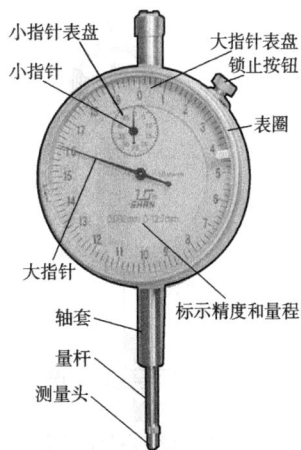

图 5-16　百分表

2. 百分表的使用方法

(1)测量前应检查表盘玻璃是否破裂或脱落,测量头、测量杆、套筒等是否有碰伤或锈蚀,指针有无松动现象,指针的转动是否平稳等。

(2)测量时,应使测量杆垂直零件被测表面。测量圆柱面的直径时,测量杆的中心线要通过被测圆柱面的轴线。测量头开始与被测表面接触时,测量杆就应压缩0.3~1mm,以保持一定的初始测量力,以免有负偏差时得不到测量数据。测量时应轻提起测量杆,移动工件至测量头下面(或将测量头移至工件上),再缓慢放下与被测表面接触。放下测量杆时要轻放,否则,易造成测量误差。不准将工件强行推入至测量头下,以免损坏测量头,从而影响测量的精确度。

(3)使用百分表座及专用夹具,可对长度尺寸进行相对测量。测量前先用标准件量块校对百分表,转动表圈,使表盘的零刻度线对准指针,然后再测量工件,从表中读取工件尺寸相对标准件或量块的偏差,从而确定工件尺寸。

(4)使用百分表及相应附件,还可测量工件的直线度、平面度及平行度等误差,以及在机床上或者其他专用装置上测量工件的跳动误差等。

3. 百分表的维护

(1)提压测量杆的次数不要过多,距离不要过大,以免损坏机件及加剧零件磨损。

(2)测量时,测量杆的行程不要超过百分表的示值范围,以免损坏表内零件。

(3)应避免剧烈振动和碰撞,不要使测量头撞击在被测表面上,以防测量杆弯曲变形,更不能敲打表的任何部位。

(4)表架要放稳,以免百分表落地摔坏。使用磁性表座时要注意表座的旋钮位置。

(5)严防水、油、灰尘等进入表内,不要随便拆卸表的后盖。百分表使用完毕,要擦净放回盒内,使测量杆处于自由状态,避免表内弹簧失效。

4. 其他类型的百分表

1)内径百分表

内径百分表又称量缸表,它由百分表和专用表架组成(图5-17),用于测量孔的直径和

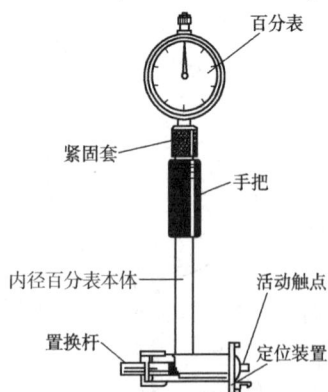

图5-17 内径百分表

孔的形状误差,特别适宜于深孔的测量。测量时,被测孔的尺寸偏差由活动测头的位移,通过杠杆和传动杆传递给指示机构。因传动系统的传动比为1,因此,测头所移动的距离与指示表的指示值相等。为了测量不同的缸径,常备有不同的量杆。量缸表的规格是按测量直径的范围来划分的,如18~35mm、35~50mm、50~160mm等。汽车维修作业中常用规格为50~160mm。

活动触点和置换杆同轴,其轴线位于定位装置的中心对称平面上,由于定位弹簧的推力作用,使孔的直径处于定位装置的中心对称平面上,因而保证了可换测头与活动测头的轴线与被测孔的直径重合。

内径百分表的使用如图5-18所示。内径百分表活动测头的移动量很小,它的测量范围是通过更换或调整可换测头的长度达到的。

2）磁力百分表

磁力百分表是由磁力表座、连接杆和百分表组成的测量仪器（图5-19），可变换各种方向，以适应不同方向的测量，百分表架的高度可进行调节。

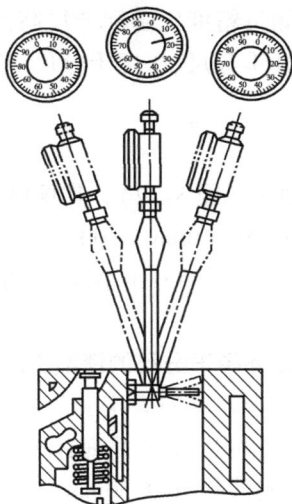

图5-18 内径百分表的使用

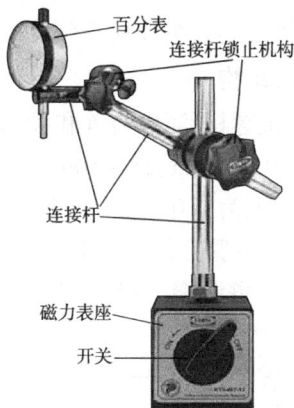

图5-19 磁力百分表

在使用时把磁力百分表放到检验平台上，打开磁性开关，然后将各连接杆连接起来，把百分表放到连接杆上锁紧。在汽车上磁力百分表常用于检测轴的弯曲和轴向间隙（图5-20）。

3）千分表

千分表的用途、结构形式及工作原理与百分表相似，也是通过齿轮、齿条的传动机构，将测量杆的直线移动转变为指针的转动，并在表盘上指示出读数值。然而，在千分表的传动机构中，齿轮的传动级数要比百分表的传动级数多，所以放大比更大，分度值更小，测量精度也就更高，可用于较高精度的测量，千分表的测量精度值为0.001mm（图5-21）。

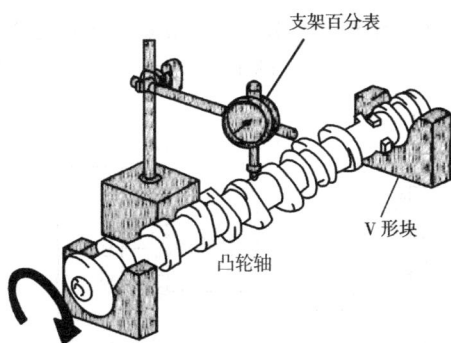

图5-20 凸轮轴弯曲检测

图5-21 千分表

千分表的使用方法与百分表相同。由于千分表的精度高，测量范围小，因此在使用、维护时都要更加细心。

(七)千分尺

千分尺又称螺旋测微器,是一种精密量具,其测量精度比游标卡尺高,且比较灵敏。千分尺按用途一般分为外径千分尺、内径千分尺、杠杆千分尺、深度千分尺、壁厚千分尺、公法线千分尺等。这里主要介绍外径千分尺。

1. 外径千分尺结构

它由尺架、测微螺杆、测力装置和锁紧装置等组成(图5-22)。其规格是按测量范围来表示的,常用的有 0～25mm、25～50mm、50～75mm、75～100mm、100～125mm、125～150mm六种。其分度值一般为 0.01mm。一般千分尺均附有调零的专用小扳手,测量下限不为零的千分尺,还附有用于调整零位的标准杆。

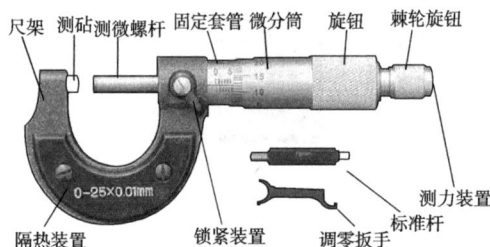

图5-22 外径千分尺

2. 外径千分尺的读数原理和读数方法

在千分尺的固定套管的轴向刻有一条基线,基线的上、下方都刻有间距为 1mm 的刻线,上、下刻线错开 0.50mm。微分筒的圆锥面上刻有 50 等分格。由于测微螺杆和固定套管的螺距都是 0.50mm,所以当微分筒旋转一圈时,测微螺杆就移动 0.50mm,同时,微分筒就遮住或露出固定套管上的一条刻线。当微分筒转动一格时,测微螺杆就移动 0.50/50 = 0.01mm,即千分尺的测量精度为 0.01mm。

读数时,先从固定套管上读出毫米数与半毫米数;再看基线对准微分筒上哪格及其数值,即多少个 0.01mm;把两次读数相加就是测量的完整数值。

例 读出图5-23 中外径千分尺所示读数。

解:从图5-23a)中可以看出,固定套管基线上方的刻线,表示 0.50mm 的小数,基线下方表示整数,距微分筒最近的下方为 8mm 刻线,8mm 与 9mm 之间基线上方的 0.50mm 的刻线未露出来,微分筒上的 35 的刻线对准基线,所以外径千分尺的读数为 8 + 0.01 × 35 = 8.35(mm)。

从图5-23b)中可以看出,距微分筒最近的刻线为 14mm 的刻线,14mm 与 15mm 之间基线上方的 0.50mm 的刻线露出来了,而微分微上数值为 18 的刻线对准基线,所以外径千分尺的读数为 14 + 0.5 + 0.01 × 18 = 14.68(mm)。

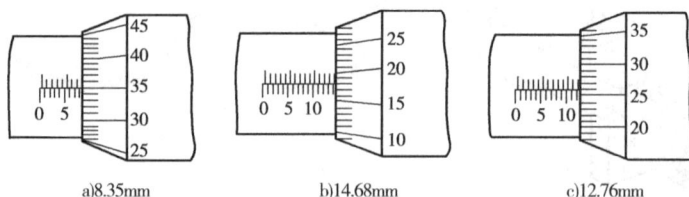

a)8.35mm   b)14.68mm   c)12.76mm

图5-23 千分尺的读数

从图5-23c)中可以看出,距微分筒最近的刻线为 12mm 的刻线,12mm 与 13mm 之间基线上方的 0.50mm 的刻线露出来了,而微分微上数值为 26 的刻线对准基线,所以外径千分尺的读数为 12 + 0.5 + 0.01 × 26 = 12.76(mm)。

做一做

如图 5-24 所示,请读出该千分尺所显示刻度的读数。

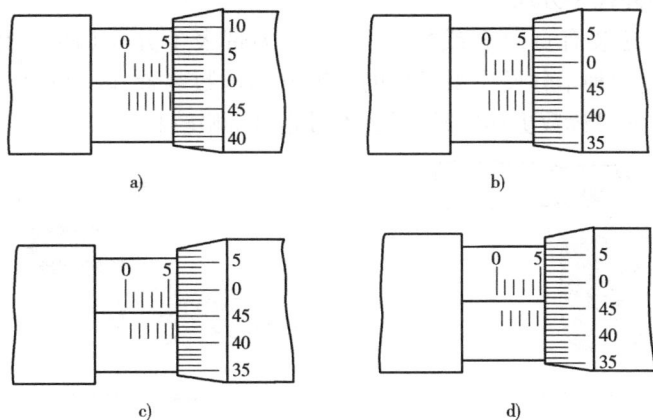

图 5-24　千分尺刻度

3. 外径千分尺的使用方法

测量之前,转动千分尺的测力装置上的棘轮,使两个测量面合拢,检查测量面间是否密合,同时观察微分筒上的零线与固定套管的基线是否对齐,如有零位偏差,应进行调整。调整的方法是:先使测砧与测微螺杆的测量面合拢,然后利用锁紧装置将测微螺杆锁紧,松开固定套管的紧固螺钉,再用专用扳手插入固定套管的小孔中,转动固定套管使其基线对准微分筒刻度的零线,然后拧紧紧固螺钉。如果零位偏差是由于微分筒的轴向位置相差较远所致,可将测力装置上的螺母松开,使压紧接头放松,轴向移动微分筒,使其左端与固定套管上的零刻度线对齐,并使微分筒上的零刻度线与固定套管上的基线对齐,然后旋紧螺母,压紧接头,使微分筒和测微螺杆结合成一体,再松开测微螺杆的锁紧装置。

测量时先用手转动千分尺的微分筒,待测微螺杆的测量面接近工件被测表面时,再转动测力装置上的棘轮,使测微螺杆的测量面接触工件表面,听到 2～3 声"咔咔"声后即停止转动,此时已得到合适的测量力,可读取数值。不可用手猛力转动微分筒,以免使测量力过大而影响测量精度,严重时还会损坏螺纹传动副。

使用时,千分尺的测微螺杆的轴线应垂直零件被测表面。读数时最好不从工件上取下千分尺,如需取下读数时,应先锁紧测微螺杆,然后再轻轻取下,以防止尺寸变动产生测量误差。读数要细心,看清刻度,特别要注意分清整数部分和 0.5mm 的刻线。

4. 外径千分尺的维护

(1)不能用千分尺测量零件的粗糙表面,也不能用千分尺测量正在旋转的零件。

(2)千分尺要轻拿轻放。如受到撞击,应立即进行检查,必要时送计量部门检修。

（3）千分尺应保持清洁。测量完毕,用软布或棉纱等擦干净,放入盒中。长期不用应涂防锈油。要注意勿使两个测量面贴合在一起,以免锈蚀。

（4）大型千分尺应平放在盒中,以免变形。

（5）不允许用砂布和金刚砂擦拭测微螺杆上的污锈。

（6）不能在千分尺的微分筒和固定套管之间加酒精、煤油、柴油、凡士林和普通机油等;不允许把千分尺浸泡在上述油类及酒精中。如发现上述物质浸入,要用汽油洗净,再涂以轻质润滑油加以保护。

5. 其他类型的外径千分尺

有的千分尺上还装有百分表或数显装置,成为带表千分尺(图5-25)或数显千分尺(图5-26)。由于这两种千分尺采用了新的更准确的读数装置,因而减小了测量误差,提高了测量的准确性。而且读数更加容易方便,不过相对价格较高。

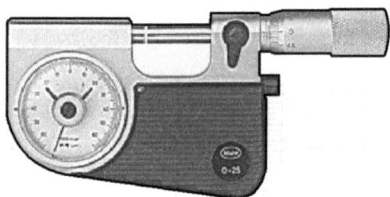

图5-25 带表外径千分尺

图5-26 数显外径千分尺

6. 内径千分尺

如图5-27所示,内径千分尺用来测量50mm以上的内径尺寸,其读数范围为50～63mm。为了扩大其测量范围,内径千分尺附有成套接长杆,连接时去掉保护螺帽,把接长杆右端与内径千分尺左端旋合,可以连接多个接长杆,直到满足需要为止。

7. 深度千分尺

如图5-28所示,深度千分尺主要结构与外径千分尺相似,只是多了一个基座而没有尺架。深度千分尺主要用于测量孔和沟槽的深度及两平面间距离。左侧微螺杆的下面连接着可换测量杆,测量杆的规格有4种尺寸,测量范围分别为:0～25mm,25～50mm,50～75mm,75～100mm。

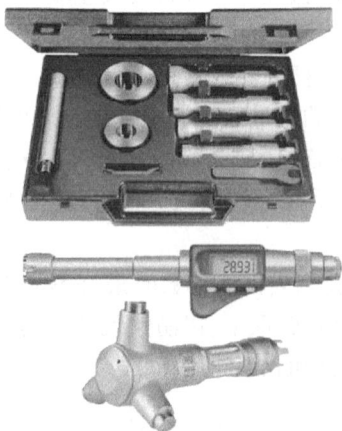

图5-27 内径千分尺

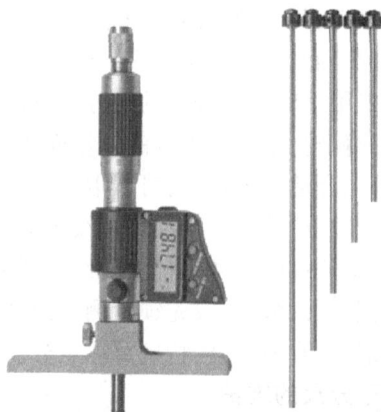

图5-28 深度千分尺

(八)弹簧秤

如图 5-29 所示,弹簧秤是用来测量拉力或弹力的,其外壳的正面刻有量度单位,单位为 N 或 kgf。使用时把要测的物体挂在钩上,拉动或提起圆环,弹簧就伸长,固定在弹簧上的指针也跟着移动,即可得出测得力的大小。

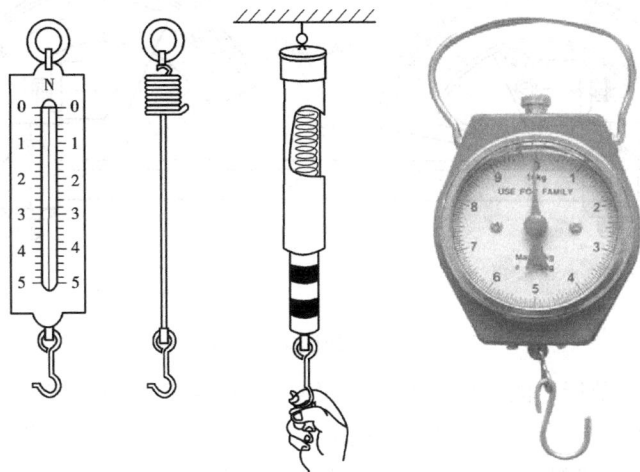

图 5-29 各种弹簧秤

(九)万能游标量角器

万能游标量角器是用来测量工件内外角度的量具。按其游标读数值(即分度值)可分为 2 和 5 两种;按其尺身的形状不同可分为圆形和扇形两种。以下仅介绍读数值为 2 的扇形万能角度尺的结构、刻线原理、读数方法和测量范围。

1. 万能游标量角器的结构

如图 5-30 所示,万能游标量角器由尺身、直角尺、游标、制动器、扇形板、基尺、直尺、夹块、捏手、小齿轮和扇形齿轮等组成。游标固定在扇形板上,基尺和尺身连成一体。扇形板可以与尺身作相对回转运动,形成和游标卡尺相似的读数机构。直角尺用夹块固定在扇形板上,直尺又用夹块固定在角尺上。根据所测角度的需要,也可拆下角尺,将直尺直接固定在扇形板上。制动器可将扇形板和尺身锁紧,便于读数。

测量时,可转动万能游标量角器背面的捏手,通过小齿轮转动扇形齿轮,使尺身相对扇形板产生转动,从而改变基尺与直角尺或直尺间的夹角,满足各种不同情况测量的需要。

2. 万能游标量角器的刻线原理及读数

万能游标量角器的尺身刻线每小格为 1°,游标刻线将对应于尺身上 29°的弧长等分为 30 小格,如图 5-31a)所示,即游标上每格所对应的角度为 29°/30。因此,尺身每小格与游标上每小格相差为 1° − 29°/30 = 29°/30 = 2′,即万能游标量角器的读数值(分度值)为 2′。

万能游标量角器的读数方法和游标卡尺相似,即先从尺身上读出游标零线指示的整角度数,再判断游标上的第几格的刻线与尺身上的刻线对齐,就能确定角度"分"的数值,然后把两者相加,就是被测角度的数值。

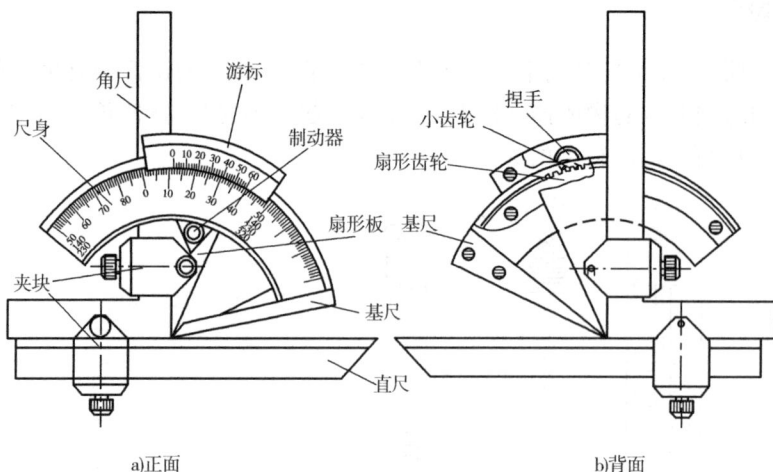

a)正面　　　　　　　　　　　　　　b)背面

图 5-30　万能游标量角器的结构

在图 5-31b)中,游标上的零刻度线落在尺身上 69°～70°,因而该被测角度的"度"的数值为 69°;游标上第 21 格的刻线与尺身上的某一刻度线对齐,因而被测角度的"分"的数值为 $2' \times 21 = 42'$。所以被测角度的数值为 69°42′。利用同样的方法,可以得出图 5-31c)中的被测角度的数值为 34°8′。

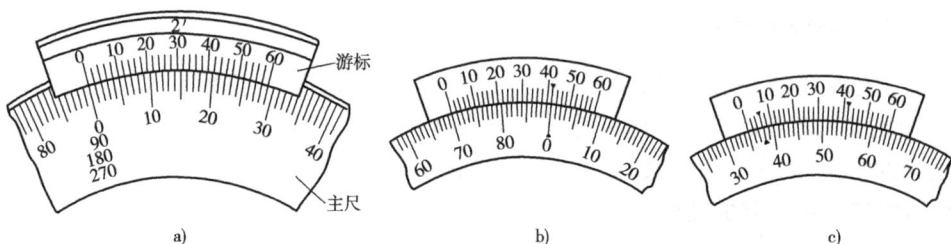

a)　　　　　　　　　　b)　　　　　　　　　　c)

图 5-31　万能游标量角器的刻线原理及读数

二、专用量具及使用

(一)万用表

万用表是诊断电气系统单个元器件的必需品,根据其测量项目和工作原理,万用表有不同的名称,伏特—欧姆—安培表可以称为 VOM,如果是数字式的,也称为 DVOM。万用表有数字式(图 5-32)和指针式(图 5-33),目前使用最多的是数字万用表。数字万用表(DMM)能够比电压表、欧姆表和电流表测量更多的项目。

大多数万用表可以用来测量直流电和交流电的电流、电压和电阻,更高级的万用表还可以测量二极管连续性、频率、温度、发动机转速、闭合角和占空比。

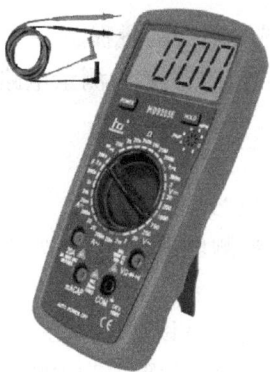

图 5-32　数字式万用表

图 5-33　指针式万用表

1. 使用方法

1）直流电压测量

（1）旋转"功能/量程开关"到"V－"挡位范围,选择适合的量程。

（2）黑色表笔插入 COM 插孔,红色表笔插入 VΩ 插孔。将表笔并接到被测电压源两端,仪表在显示电压读数的同时,会指示出红表笔一端的极性。

2）交流电压的测量

（1）旋转"功能/量程开关"到"V～"范围,选择适合的量程。

（2）黑色表笔插入 COM 插孔,红色表笔插入 VΩ 插孔,将表笔并接到被测电压源两端。

电压检测提示：

①显示屏只显示最高位"1"时,说明被测电压已超过使用的量程。不知被测电压范围时,应选择最大量程。

②"200mV"挡输入保护最大 250V,其余电压量程为交流 700V（直流 1000V）。超过700V 的交流电压,虽然有可能显示读数,但可能会损坏万用表。

3）直流电流测量

（1）拔出表笔,旋转"功能/量程开关"到"A－"范围,选择适合的量程。

（2）黑色表笔插入 COM 插孔,红色表笔插入 mA 插孔或 10A 插孔。将表笔串入被测电流源,仪表显示电流读数的同时,会指示出红表笔一端的极性。

4）交流电流测量

（1）拔出表笔,旋转"功能/量程开关"到"A～"范围,选择适合的量程。

（2）黑色表笔插入 COM 插孔,红色表笔插入 mA 插孔或 10A 插孔;测试表笔串入被测电流源。

电流检测提示：

①不知被测电流范围时,应选择最大量程。

②显示屏只显示最高位"1"时,说明被测电流已超过使用的量程。

③mA 插孔最大输入 200mA,过载会熔断仪表内熔断丝。

④10A 插孔最大输入 10A,过载会熔断仪表内熔断丝。

5)电阻测量

(1)拔出表笔,旋转"功能/量程开关"到"Ω"范围,选择适合的量程。

(2)黑色表笔插入COM插孔,红色表笔插入VΩ插孔(红表笔为测量电路的"+"极);将测试表笔并接到被测电阻两端。

电阻检测提示:

①当输入开路时,仪表处于超量程状态,只显示最高位"1"。

②检测在线电阻时,应关闭被测电路的电源,并使被测电路中电容放完电,才能进行测量。

③在200MΩ挡,红黑表笔短路时有1MΩ左右,测量时应从读数中减去。如测量一个电阻时,显示为101MΩ应从101MΩ中减去1MΩ。被测元件的实际阻值为100MΩ。

④输入保护最大250V,更高电压可能损坏仪表。

6)电容测量

(1)旋转"功能/量程开关"到"F"范围,选择适合的量程。

(2)黑色表笔插入COM插孔,红色表笔插入VΩ插孔;将测试表笔并接到被测电容的两端。

电容检测提示:

①对于充有电荷的电容应进行放电,然后进行测量。

②输入保护最大60V,更高电压可能损坏仪表。电容量程各挡应尽可能避免误测电压。

③单位:$1pF = 10^{-6}\mu F$;$1nF = 10^{-3}\mu F$。

7)频率测量

(1)旋转"功能/量程开关"到"Hz"挡。

(2)黑色表笔插入COM插孔,红色表笔插入VΩ插孔;将表笔并接到被测信号源两端。

频率检测提示:

①频率信号的幅度应当控制在几百毫伏到几十伏范围。被测信号较强时,应使用外部衰减器;噪声环境中,小信号测试可使用屏蔽电缆。电压高于100V,虽可获得读数,但可能超差。

②输入保护最大250V,更高电压可能损坏仪表。

8)温度测量

旋转"功能/量程开关"到"TEMP"挡,将热电偶的黑色插头插入仪表的COM插孔,红色插头插入仪表的VΩ插孔;热电偶测量端置于测温点,从仪表显示屏上读取温度值,读数为摄氏度(℃)。

温度检测提示:

①当热电偶插入温度测量插座后,自动显示被测温度;未插入热电偶或当热电偶开路时,显示环境温度。

②仪表随机附K型简装热电偶,极限测量温度为250℃(短期内测量为300℃)。

③输入保护最大250V,更高电压可能损坏仪表。

9)二极管测试

(1)旋转"功能/量程开关"到"⊷"挡。

（2）黑色表笔插入 COM 插孔,红色表笔插入 VΩ 插孔(测量电路"＋"极);将表笔跨接于被测二极管两端。仪表显示二极管正向压降,单位"V";当二极管反接时,显示超量程。

二极管检测提示：

①当两表笔开路时,显示超量程(仅显示高位"1")。

②通过被测器件的电流约为 1mA。

③输入保护最大 250V,更高电压可能损坏仪表。

10）线路通断蜂鸣声快速检测

（1）旋转"功能/量程开关"到蜂鸣挡。

（2）黑色表笔插入 COM 插孔,红色表笔插入 VΩ 插孔;将测试表笔跨接在待查线路的两端。

（3）被检查的两点之间的电阻值小于 30Ω,仪表会发出蜂鸣声响作为指示。

线路通断检测提示：

①被测线路必须在切断电源状态下检查,线路带电将导致仪表错误判断。

②输入保护最大 250V,更高电压可能损坏仪表。

11）其他

（1）数据保持功能。按下数据保持键,显示屏出现"H"符号,此时测量数据被锁定,便于读数、记录。再按该键,使复位,"H"符号消失,仪表恢复测量状态。

（2）按动背景光按键,液晶显示器会发出绿色背景光,使测量数据更清晰,数秒钟后背景光会自动消失。

2.万用表使用注意事项

（1）使用之前确认仪表无破损,表笔绝缘层完好。

（2）打开电池仓盖或后盖前,须拔去表笔;合上电池仓盖或后盖并旋紧螺钉后,才能进行测量,否则,有受电击的危险。

（3）进入或退出电流测量各挡之前,先拔出表笔,后旋动"功能/量程开关"。野蛮操作可能损坏机械保护装置。

（4）测量过程中,断开仪表输入再旋动"功能/量程开关"。

（5）输入信号电压不允许超过规定的极限值。

（6）测量公共端"COM"和"大地"之间的电压不得超过 1000V,以防电击和损坏仪表。

（7）被测量电压高于 DC60V 和 AC42V 的场合,均应小心谨慎,防止电击。

（8）液晶显示"蓄电池"符号时,表示电池电压不足,应及时更换电池,以确保测量准确度。

（二）汽缸压力表

汽缸压力表是用来测量汽缸内压缩终了时的气体压力的。其主要组成部件是压力表。根据汽缸压力表的测量范围不同,可分为 0～1.4MPa(汽油机)和 0～4.9MPa(柴油机)两种。按其连接形式不同,可分为推入式和螺纹接口式两种,如图 5-34 所示。

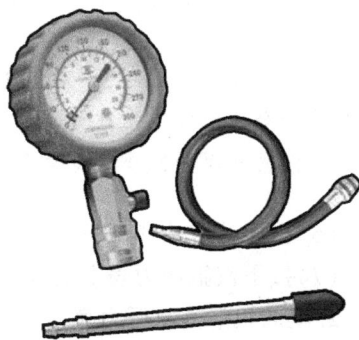
图 5-34 汽缸压力表

相关链接

发动机输出动力需要压缩空气和燃料组成的混合气,活塞在压缩行程中将混合气压缩到燃烧室内。如果燃烧室存在泄漏,混合气在压缩过程中就会溢出,导致功率损失和燃油浪费。引起燃烧室泄漏的原因有多种,如气门烧蚀、汽缸垫破裂、活塞环损坏、正时皮带或链条打滑、汽缸盖破裂等。

1. 汽油机的汽缸压力表使用方法

(1)起动发动机,让发动机预热至正常的工作温度,然后将发动机熄火。

(2)断开分配器接头。

(3)如图5-35所示,从火花塞橡胶保护罩处卸开高压导线。注意:不要拉曳高压导线,以免损坏内部导体。

(4)用专用火花塞扳手,卸下火花塞。

(5)将汽缸压力表插入火花塞孔中,完全打开节气门,在起动发动机的同时,测定汽缸压缩压力,如图5-36所示。

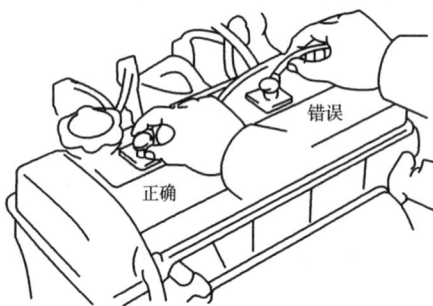

图5-35　拆卸分高压线

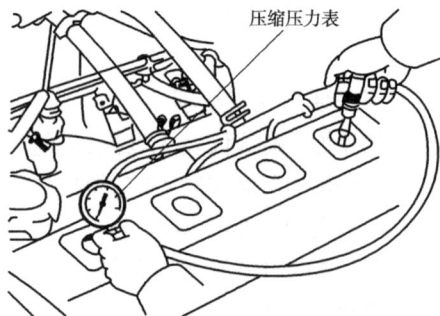

图5-36　测量汽缸压缩压力

专家提醒

为了使测量准确,一定要用充满电的蓄电池,使发动机转速达到2500r/mim以上。对每一个汽缸重复上述步骤。汽缸压力测试应在尽可能短的时间内完成,因长时间起动或频繁起动会减少蓄电池的使用寿命甚至损坏蓄电池。

(6)按上述方法测试各缸,每缸测试2~3次,取平均值作为该汽缸压力。

(7)按下汽缸压力表上的放气阀,则压力表指针回零。

2. 柴油机的汽缸压力表

柴油机的汽缸压力表结构与汽油机的汽缸压力表基本相同:但由于柴油机压缩比大,测量时手按不住压力表,须采用螺纹接口式汽缸压力表,将汽缸压力表螺纹接口旋入喷油器座孔内。

相关链接

每种汽车的汽缸压力,汽车制造商在说明书中都标明其压力值。如果被检测车每个汽缸所检测得的压力读数,与标准压力值相差不超过10%,不同汽缸压缩压力最大差异应不超过8%,则可认为该车汽缸压力是正常的。

3. 湿式压力测试

如果有一个或多个汽缸的压缩压力偏低,则可将少量的发动机油通过火花塞孔注入汽缸,并对压缩压力低的汽缸重复上述检查步骤。如果加入润滑油有助于改善压缩压力,则说明可能是活塞环或汽缸壁磨损或损坏。如果压力仍偏低,则可能是气门卡住了或闭合时不密封,或是汽缸垫处有漏气。

注意:进行湿式压力测试时,往汽缸内加注的润滑油不能太多,否则,会损坏活塞连杆组。

(三)轮胎气压表

轮胎气压表是专门用于测定轮胎气压的量具,常用的形式有标杆式和指针式两种,如图5-37所示。

其使用方法如下。

(1)将轮胎气压表测量端槽口与轮胎气门嘴对正压紧,如图5-38所示。这时轮胎气压表指针发生偏转,其指示值即为该轮胎的充气压力;或者轮胎气压表标杆在气压作用下被推出,这时标杆上所显示的数值即为该轮胎的充气压力。

a)指针式　　　　　　　　b)标杆式

图5-37　轮胎气压表

图5-38　轮胎气压测量

(2)测量完毕后,应仔细检查轮胎气门芯是否有漏气,若有漏气,应予以排除。

(四)进气歧管真空表

进气歧管真空表是用于测量发动机进气歧管内负压力(真空度)的工具。真空表刻度盘一般分为100格,测量范围为0~100kPa,在汽车上一般真空表与手动真空泵配合使用,如图5-39所示。

图 5-39　真空表与手动真空泵

进气歧管真空表的使用方法：

(1)将发机运转到正常工作温度,并调整发动机怠速,使发动机转速保持稳定,怠速运转。

(2)将真空表用一根胶管连接到进气歧管或化油器下体的真空连接管上。

(3)读取真空表指针的指示值,并改变发动机的转速,观察负压力的变化情况,根据负压力值的变化,分析和判断发动机不同工况下的技术状况。

相关链接

发动机的点火系统、配气机构、密封性能等各部分良好,发动机温度正常时,在相当于海平面高度的条件下,怠速时真空度在57.33～71.66kPa(430～530mmHg),且较稳定,表示正常。发动机在怠速工况下,迅速开闭节气门时,真空度应在6.66～84.66kPa(50～635mmHg)随之摆动,且变化较灵敏,表明良好。注意:海拔每升高1000m,真空度将减小10kPa(76mmHg)。

(五)燃油压力表

燃油压力表是用来检测燃油供给和喷射系统工作是否正常的量具(图5-40),这些系统都要依靠很高的燃油压力,为241～483kPa。燃油压力表可以测量油泵的出油压力、喷油系统的调节压力和喷油器压力高低,通过这些测量可以确定油泵故障、调压器故障和喷油器故障,也能确定输油管阻力。

图 5-40　燃油压力表组

一般电控汽油喷射系统的供油总管上设有专用的油压检测口(如汽油滤清处),将其连接到检测口处,接通点火开关,即可观察燃油压力表的读数。

专家提醒

在检测燃油压力时,要先释放燃油管路中的油压,防止汽油高压溢射,伤及身体、眼睛或引起火灾,导致严重的人员伤亡和财产损失。连接时,必须正确选用燃油压力检测配件接头中的连接嘴进行接驳。如测试的汽车没有标准的接嘴时,则需以软管加接头锁紧。

(六)蓄电池密度计

1.普通蓄电池密度计

对于非密封蓄电池,通过测定电解液的密度可以准确知道蓄电池的充电状态,密度计可以用于这种测定。蓄电池密度计由玻璃管、橡胶球囊、橡胶管和玻璃浮子或具有标杆的密度计组成(图5-41),玻璃管内有玻璃浮子,并形成被测电解液的储液器,挤压橡胶球囊可以将电解液吸入储液器内。

当吸入电解液后,密封的浮子就浮在电解液上,玻璃浮子沉入电解液面的深度就指示出电解液相对于水的密度,标杆在电解液液面处的刻度就是电解液的密度。

2.光学蓄电池密度计

光学蓄电池液密度计(图5-41)是测量溶液浓度的小型精密光学仪器,其基本原理是应用全反射临界角法测量溶液的折射率,进而标定出所测液体的浓度及其性能。可测量铅酸蓄电池电解液的密度。内附温度补偿装置,保证0~50℃环境温度下测量准确,精度为0.01。由于原理可靠,精度能满足实际需要,又有体积小、质量轻、造型美观、使用方便等优点,所以使用广泛。

使用时掀起盖板用柔软绒布将盖板及棱镜表面擦拭干净;将待测液体用吸管滴于棱镜表面,合上盖板轻轻按压,将折射计对向明亮处,旋转目镜使视场内刻度线清晰,读出明暗分界线在标示板上相应标尺上的数值即可;测试完毕,用绒布擦净棱镜表面和盖板,清洗吸管,将仪器放还于包装盒内;在测量电池液时,不要洒在皮肤和眼睛上,以防烧伤,测试后仔细擦净仪器。

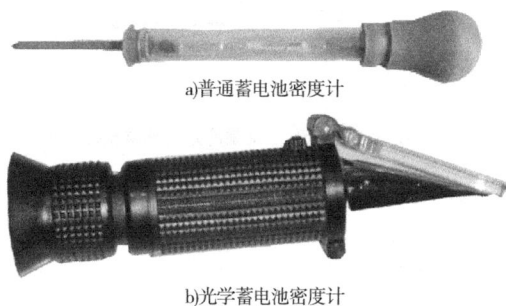

a)普通蓄电池密度计

b)光学蓄电池密度计

图5-41 蓄电池密度计

(七)歧管压力表

歧管压力表组是汽车空调系统维修中必不可少的设备,它与制冷系统相接,可以进行制冷剂排空、抽真空、加注制冷剂、添加冷冻机油及诊断制冷系统故障等。

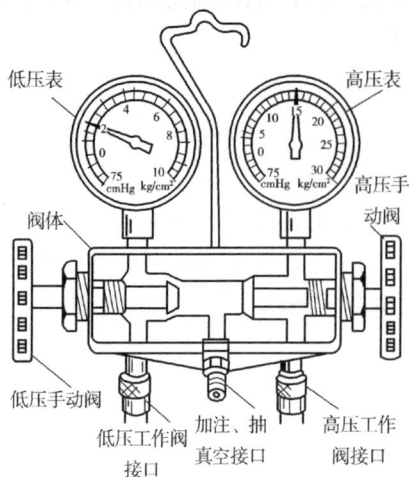

图 5-42　歧管压力表

1. 歧管压力表结构

歧管压力表组是由高压表、低压表、高压手动阀（HI）、低压手动阀（LO）、阀体及 3 个软管接头组成（图 5-42）。歧管压力表组配有不同颜色的 3 根连接软管，一般规定蓝色软管用于低压侧（接低压工作阀），红色软管用在高压侧（接高压工作阀），黄色（也有绿色）软管用在中间，接真空泵或制冷剂罐（图 5-43）。

2. 歧管压力表使用

（1）如图 5-43 所示，打开高、低压阀，维修接头接真空泵。开动真空泵，便可对制冷系统抽真空。

（2）如图 5-44 所示，充注制冷剂或润滑油时，将抽真空后的系统用手动阀关闭，把维修接头接到制冷剂钢瓶上。此时，应先用制冷剂将气管内的空气排尽，再接到维修接头上。打开手动低压阀，则可以向系统充注制冷剂或润滑油。

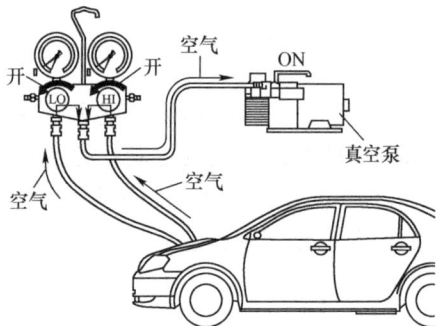

图 5-43　汽车空调制冷系统抽真空

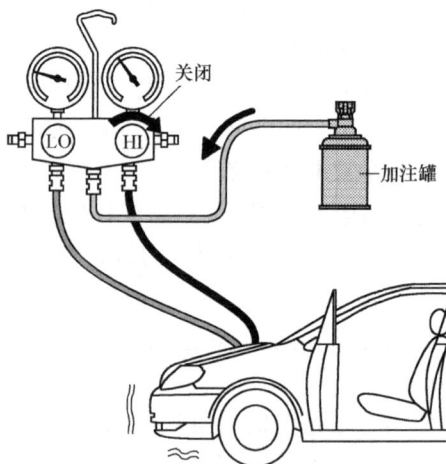

图 5-44　制冷系统充注制冷剂

（3）如图 5-45 所示，作制冷性能试验时，将手动高压阀和手动低压阀全部关闭，高压接头接系统高压，维修接头空着，低压接头接系统低压，则高、低压表显示的只是系统中高、低压侧的压力。

专家提醒

由于 R134a 的沸点较低，在处理时必须小心谨慎。必须戴防护镜、手套；不允许制冷剂直接接触皮肤（会引起冻伤）；避免吸入制冷剂等。

（4）制冷剂注入阀。目前,为便于充注,市场上出现有罐装制冷剂,但它必须有一只注入阀配套才能开罐使用。注入阀的结构主要由手柄、接头、板状螺母和阀针组成(图5-46)。

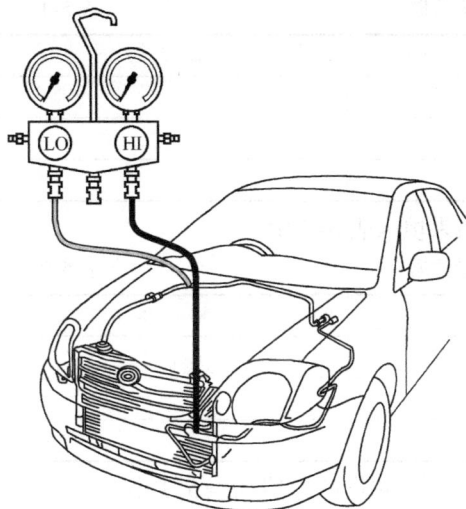

图5-45　制冷性能试验	图5-46　制冷剂注入阀

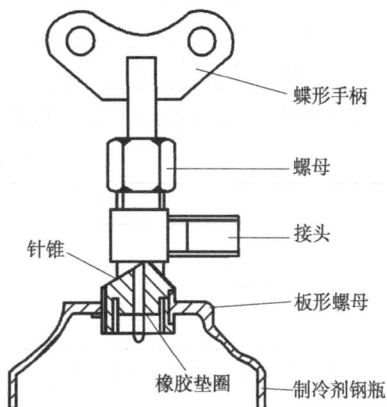

在安装蝶形注入阀之前,应将针锥完全退回。安装时,首先松开板形螺母,将蝶形注入阀旋入螺母中,再顺时针完全拧紧螺母,将蝶形注入阀固定在制冷剂钢瓶上。这时,顺时针旋转手柄,让针锥在瓶盖上穿一个小孔。然后逆时针旋转手柄,使针锥退出,小孔为充注制冷剂状态;反之,顺时针旋转为截止充注制冷剂状态。

技能训练

(一)轴承尺寸的测量

1. 准备工作

(1)场地设施:不同型号轴承(图5-47),检测平台。

图5-47　轴承

(2)工具:外径千分尺,内径百分表,游标卡尺,钢直尺等。

2.实训过程

(1)利用外径千分尺测量轴承外圈直径,测量结果填入表5-1中。

轴承外圈直径测量数据   表5-1

项　　目	横　　向	轴　　向
第一截面		
第二截面		
结果评价		

(2)利用内径百分表测量轴承内圈直径,测量结果填入表5-2中。

轴承内圈直径测量数据   表5-2

项　　目	横　　向	轴　　向
第一截面		
第二截面		
结果评价		

(3)使用游标卡尺(或外径千分尺)测量轴承的厚度,测量结果填入表5-3中。

轴承的厚度测量数据   表5-3

项　　目	横　　向	轴　　向
轴承内圈厚度		
轴承外圈厚度		
结果评价		

(二)车用继电器检测

1.准备工作

(1)场地设施:继电器检测平台或者继电器(好、坏)。

(2)工具:数字式万用表,连接线。

2.实训过程

(1)万用表校零,打开万用表,将万用表欧姆挡旋转到量程的最小挡位,短接万用表正负表笔,看万用表读数是否小于0.5Ω,如图5-48所示。

(2)在未给继电器通电的情况下,测量继电器线圈的电阻,如图5-49所示;测量继电器输入端触点和输出端触点的电阻。

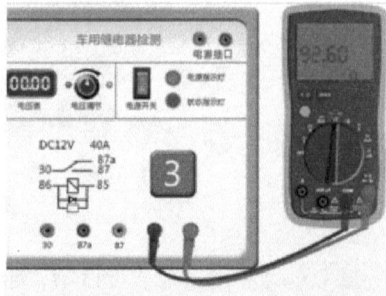

图5-48　万用表校零　　　　图5-49　测量继电器线圈电阻

(3)在给继电器通电的情况下,测量继电器输入端触点和输出端触点的电阻,如图5-50所示。

(4)在给继电器通电的情况下,测量继电器线圈通过电流的大小,如图5-51所示。

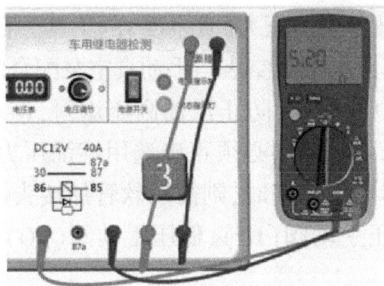

图5-50　测量继电器通电触点电阻　　　　图5-51　测量继电器线圈的通过电流

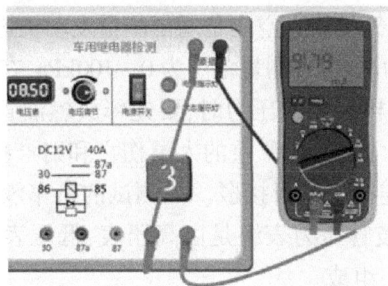

(5)测量数值填入表5-4中。

继电器检测数据　　　　　　　　　　表5-4

项　　目	继电器一	继电器二
万用表校零		
继电器线圈电阻		
继电器未通电触点电阻		
继电器通电触点电阻		
继电器线圈的通过电流		
判断结论		
注:填写数值时请写上计量单位。		

单元小结

(1)测量工具是精确灵敏的仪器。实际上,它们越精确,就越灵敏。所以操作时应当非常小心,禁止对测量仪器撬、敲、摔或挤压,以免产生永久性损坏。

(2)卡钳是一种间接量具,从卡钳上无法直接读数,使用时需与钢直尺或其他刻线量具配合使用;刀形尺与塞尺配合使用检测平面的平面度。塞尺也用于测量两个接合面之间的间隙值。

(3)游标卡尺是一种中等精度的量具,其结构种类较多,可以直接测量工件的外径、孔径、长度、宽度、深度和孔距等尺寸。

(4)百分表的刻度盘圆周刻成100等份,当大指针转动1圈,则测杆的位移量为1mm。即大指针每小格值为0.01mm,大指针转动一圈,小指针转动一格,即小指针每小格值为1mm。

(5)千分尺又称螺旋测微器,是一种精密量具,其测量精度比游标卡尺高,且比较灵敏。千分尺按用途一般分为外径千分尺、内径千分尺、深度千分尺等。千分尺的测量精度为0.01mm。

(6)万用表可以用来测量直流电和交流电的电流、电压和电阻,更高级的万用表还可以测量二极管连续性、频率、温度、发动机转速、闭合角和占空比。

(7)汽缸压力表是用来测量汽缸内压缩终了时的气体压力的。根据汽缸压力表的测量范围不同,可分为0~1.4MPa(汽油机)和0~4.9MPa(柴油机)两种。按其连接形式不同,可分为推入式和螺纹接口式两种。

(8)进气歧管真空表是用于测量发动机进气歧管内负压力(真空度)的工具。真空表刻度盘一般分为100格,测量范围为0~100kPa,在汽车上一般真空表与手动真空泵配合使用。

(9)在检测燃油压力时,要先释放燃油管路中的油压,防止汽油高压溢射,伤及身体、眼睛或引起火灾,导致严重的人员伤亡和财产损失。连接时,必须正确选用燃油压力检测配件接头中的连接嘴进行接驳。如测试的汽车没有标准的接嘴时,则需以软管加接头锁紧。

(10)歧管压力表组是由高压表、低压表、高压手动阀(HI)、低压手动阀(LO)、阀体及3个软管接头组成。

(11)由于R134a的沸点较低,在处理时必须小心谨慎。必须戴防护镜、手套;不允许制冷剂直接接触皮肤(会引起冻伤);避免吸入制冷剂等。

思考与练习

一、填空题

1.测量仪器要定期进行检查,以保持良好的_____和_____。进行任何维修和诊断之前都要查看规范的相关资料,使测量的_____提高。

2.刀形尺分别由_____、_____和_____所组成。主要与塞尺配合使用检测平面的_____。

3.游标卡尺由_____和_____组成,游标卡尺按其测量精度,常用的有_____、_____和_____3种,但其工作原理是相同的,我们使用的是五十分度的。

4.百分表的大指针转动1圈,则测杆的位移量为_____,即大指针每小格值为_____。大指针转动1圈,小指针转动1格,即小指针每小格值为_____。

5._____又称螺旋测微器,是一种精密量具,其测量精度比游标卡尺高,且比较灵敏。

6.用万用表测量直流电压,"功能/量程开关"应旋转到_____挡位范围,选择适合的_____。黑色表笔插入_____插孔,红色表笔插入_____插孔。

7.汽缸压力表按其连接形式不同,可分为_____和_____两种。

8.歧管压力表组配有不同颜色的3根连接软管,一般规定_____软管用于低压侧(接低压工作阀),_____软管用在高压侧(接高压工作阀),_____软管用在中间,接真空泵或制冷剂罐。

二、选择题

1.技师甲说:"游标卡尺可以用来测量物体的外径。"技师乙说:"游标卡尺可以用来测量孔的内径。"谁说得对?(　　　　)

　　A.只有甲对　　　　B.只有乙对　　　　C.甲、乙都对　　　　D.甲、乙都不对

2. 对于精度必须在 0.01mm 的 。技师甲用机械尺, 技师乙用外径千分尺。谁做得对?
(   )

    A. 只有甲对   B. 只有乙对   C. 甲、乙都对   D. 甲、乙都不对

3. 下面对百分表的使用描述不正确的是(   )。

    A. 测量前检查表盘玻璃是否破裂或脱落, 测量头、测量杆、套筒等是否有碰伤或锈蚀

    B. 测量时, 应使测量杆垂直零件被测表面

    C. 使用百分表座及专用夹具, 可对长度尺寸进行相对测量

    D. 测量结束后, 把百分表与其他工具放置在一起, 便于下一次使用

4. 以下哪项不属于外径千分尺的结构部件? (   )

    A. 尺架   B. 测微螺杆   C. 锁紧装置   D. 测量脚

5. 技师甲用数字式万用表测量电压, 技师乙用数字式万用表测量电阻, 谁做得
对? (   )

    A. 只有甲对   B. 只有乙对   C. 甲、乙都对   D. 甲、乙都不对

6. 下面对用汽缸压力表检测汽缸压力的描述不正确的是(   )。

    A. 起动发动机, 让发动机预热至正常的工作温度, 然后将发动机熄火

    B. 从火花塞上橡胶保护罩处卸开高压导线, 用专用火花塞扳手, 卸下火花塞

    C. 为了能测到汽缸压力, 发动机起动时间最好在 15s 以上

    D. 每缸测试 2 ~ 3 次, 取平均值作为该缸汽缸压力

7. 技师甲说:"常用轮胎气压表的形式有标杆式和指针式两种。"技师乙说:"轮胎气压
测量完毕后, 应仔细检查轮胎气门芯是否有漏气, 若有漏气, 应予以排除。"谁说得
对? (   )

    A. 只有甲对   B. 只有乙对   C. 甲、乙都对   D. 甲、乙都不对

8. 以下哪项与燃油压力相关? (   )

    A. 燃油泵故障   B. 喷油器堵塞   C. 供油系统堵塞   D. 以上各项

三、简答题

1. 我国法定长度的基准单位是什么? 如何将英制尺寸换算成米制尺寸?

2. 将下列长度尺寸用 mm 表示:16.78cm、32cm、2561μm。

3. 将下列英制尺寸换算成 mm:5/12in、9/32in、4/7in。

4. 使用游标卡尺时应注意哪些问题?

5. 简述外径千分尺的读数原理。

6. 汽缸压力表有哪几种?

7. 如何使用轮胎气压表?

8. 使用燃油压力表应注意哪些问题?

9. 如何正确使用蓄电池密度计?

单元六　常见检测与维修设备

学习目标

完成本单元学习后,你应该能:

1. 了解各种检测与维修设备的名称、用途;

2. 知道常用检测维修设备的使用方法;

3. 正确使用检测设备对相关汽车系统进行检测;

4. 了解汽车维修工作中常用维修设备的使用要求。

建议学时:12 学时

一、常见检测设备及使用

汽车是现代社会中人们工作、生活不可缺少的一部分。随着人们对于驾驶安全性和舒适性要求的不断提高,汽车检测技术越来越受到人们的重视,汽车检测维修显现出巨大的市场前景。

相关链接

调查结果显示,10% 的安全事故是由路况问题引起的,15% 是由驾驶技术引起的,75% 的事故则与汽车故障有关。正确认识汽车检测设备的重要性,选择使用可靠的汽车检测设备,对汽车维修企业和驾驶者至关重要。

(一)发动机综合性能测试仪

发动机综合性能测试仪是现代汽车维修中不可或缺的重要检测设备,其结构如图 6-1 所示。它的功能非常强大,可进行以下测试:

(1)汽、柴油机的起动性能测量:起动电流、起动电压、起动转速、汽缸压力。

(2)汽、柴油机动力性能测量。

(3)汽油机配气相位测量。

(4)汽油机点火提前角测量、柴油机喷油提前角测量。

(5)汽油机点火系统测量、白金闭合角、点火高压。

(6)柴油机供油系统测量。

（7）汽、柴油机充电系统性能测量。

（8）汽、柴油发动机异响分析。

（9）汽、柴油机润滑系统机油压力检测。

（10）汽、柴油机油耗检测。

（11）汽油机尾气检测。

（12）柴油机烟度检测。

（13）汽、柴油车踏板力检测。

（14）汽、柴油车转向盘转角、扭矩检测。

（15）汽、柴油机曲轴箱窜气量检测。

（16）示波卡测试。

（17）电喷车故障解码检测。

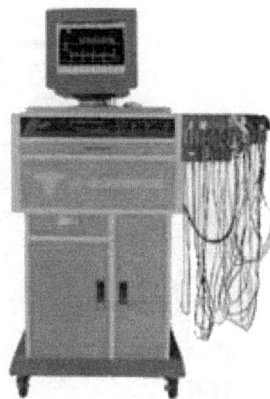

图6-1　发动机综合性能测试仪

（二）四轮定位仪

随着汽车技术的高度发展,汽车车速不断提高,急加速、急减速、急转向、急制动等动作的出现,汽车前后轮在行驶过程中受到的冲击和汽车的载荷,都将影响汽车前后轮的运行轨迹。为了保证汽车直线行驶的稳定性、转向的轻便、转向轮回正性能良好,以及减少轮胎和机件的磨损、增加汽车行驶的安全性,汽车四轮定位的技术参数逐步受到驾驶人员和维修人员的重视,同时也为汽车自动驾驶技术的发展提供了有利的条件。

1. 什么是汽车的车轮定位

现代汽车的车轮定位是指车轮、悬架系统元件以及转向系统元件,安装到车架(或车身)上的几何角度与尺寸须符合一定的要求,保证汽车行驶的稳定性和安全性,减少汽车的磨损。

2. 什么情况下需要进行四轮定位

汽车在下列情况下都需进行四轮定位的检测与调整:每行驶10000km或6个月后,直线行驶时车辆出现往左或往右偏移;直行时需要紧握转向盘；直行时转向盘不正;感觉车身会漂浮或摇摆不定;前轮或后轮单轮磨损;安装新的轮胎后;碰撞事故维修后;换装新的悬架或与转向有关的配件后;新车每行驶3000km后。

3. 四轮定位仪

四轮定位仪涉及机械、光学、电子、计算机软件、数学模型等多项领域的知识,从构成来看,四轮定位仪主要由上位机和下位机组成。上位机包括箱体、电脑主机、显示器、打印机、软件、通信系统。下位机由测量传感器、夹具、转角盘组成。典型的四轮定位仪结构如图6-2、图6-3所示。

（1）箱体:位于四轮定位仪前方,里面有计算机、打印机、显示器、键盘、鼠标以及夹具传感器或夹具反像板等。

（2）电脑主机:它是运行主程序的载体,可以是电脑市场的组装机、品牌机、商用机。

（3）软件:所用的操作系统和四轮定位仪应用程序,与电脑主机共同决定了可视性、操作性、功能稳定性、测量速度等因素。操作系统可以是 Windows 98、Windows 2000、Windows XP。

图 6-2　元征 X-631 四轮定位仪

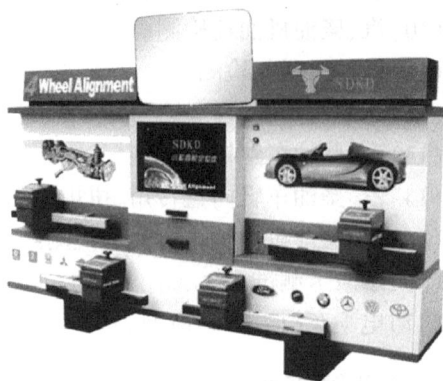

图 6-3　RF-788 四轮定位仪

（4）通信系统：分为有线与无线、蓝牙等方式。采用哪种方式决定了使用的方便及快捷性。

（5）测量传感器：它是测量车辆四轮的尺子，决定了整机的测量精度。也从侧面反映了四轮定位仪的技术属性。传感器由壳体、单片机主板、传感元件（液体、光学或纯光学及 CCD）、通信系统、电池等部分组成。所用元器件多，非常精密，费用高。

（6）夹具：它是把测量传感器固定在车辆的轮子上的装置。4 个夹具和测量传感器有一定的协调性，决定了其测量值是否标准准确。

（三）示波器

示波器实际上是一个可视电压表，如图 6-4 所示。它可以将反映一段时间内电压变化的电压信号转化成可视图像，将信息以连续的电压变化曲线形式显示出来，该曲线被称为波形或踪迹。用示波器可进行精确测量，显示电压的任何变化。

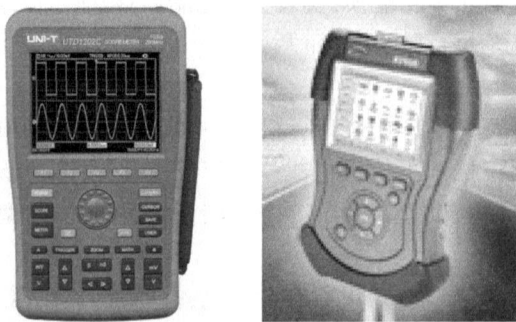

图 6-4　手持式示波器

示波器波形上升表明电压在增大，下降表明电压在减小。电压波形通过示波器屏幕的过程，代表一定时间。

波形尺度和清晰度取决于所选的电压量程和时间基准，大多数示波器可以控制电压和时间间隔选择。在选择量程时要注意的是,示波器所显示的电压波形与时间相关。另外双踪示波器可以同时显示两种不同波形,这类示波器在诊断间发性故障时尤其重要。

(四)手持式汽车诊断电脑

手持式汽车诊断电脑又称为解码器、扫描仪等,是汽车故障诊断中常用的仪器设备之一,主要用于直接与 ECU 联系,将存储在 ECU 中的故障码显示出来,并能够将故障码从 ECU 中清除。此外,它还能作为电压表、示波器来显示各种传感器、执行器的信息数据。

手持式汽车诊断电脑种类繁多,一般分为专用型和通用型两种。专用型是指汽车生产厂家专门针对自己生产的汽车而设计的汽车诊断电脑,如丰田公司的 IT-Ⅱ,大众公司的 V.G.A1552 等,一般 4S 店用的是这种诊断电脑。而通用型是针对各种不同车型而设计的,如元征 X-431(图 6-5)、金德 K81 等,多被综合性汽车修理厂选用。

通用型汽车诊断电脑设有多个不同的诊断接头,使用时可根据不同制造商或不同车型进行选择。所有采用第二代车载诊断系统(OBD-Ⅱ)的汽车的诊断连接器都安装在相同位置,并且所有按 OBD-Ⅱ 设计的诊断电脑能够适用于所有的 OBD-Ⅱ 系统,从而不必为各系统专门设计诊断电脑或分类存储卡。OBD-Ⅱ 诊断电脑能够诊断测试各种系统,并且有"冻结"数据帧的能力。

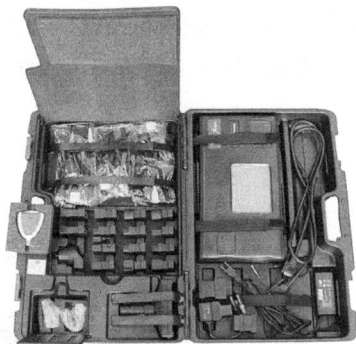

图 6-5　元征 X-431 解码器

相关链接

OBD 是"ON-BOARD DIAGNOSTICS"的缩写,是由美国汽车工程学会(SEA)提出的,经环保机构(EPA)和加州资源协会(CARB)认证通过的。20 世纪 70 年代,汽车电控系统中开始采用了第一代随车诊断系统(OBD-Ⅰ);1994 年以后,美国、日本和欧洲的主要汽车制造厂家生产的电控汽车逐步开始采用第二代随车诊断系统(OBD-Ⅱ)。

OBD-Ⅱ 的主要特点:

(1)汽车按标准装用统一的 16 端子诊断座,并将诊断座统一安装在驾驶室仪表板下方。

(2)OBD-Ⅱ 具有数据传输功能。

(3)OBD-Ⅱ 具有行车记录功能。

(4)装用 OBD-Ⅱ 的汽车,采用相同的故障码代号及故障码意义统一。

二、常见维修设备及使用

汽车在使用过程中,随着使用时间的延长,零部件的技术状况将逐渐下降,从而导致汽车性能变差,甚至引发故障的产生;同时,不正常的操作、使用汽车、交通事故等也可能导致汽车故障的产生。为了保证汽车良好的操作性能和使用性能,汽车维修技术应用越来越广泛,汽车维修设备越来越引起人们的关注。

(一)车身校正仪

车辆受到严重的撞击后,车身的外覆盖件和结构件钢板都会发生变形。车身外覆盖件的损坏可以用手锤、垫铁和外形修复机来修理,但车身结构件的损坏修理仅依靠这些工具是无法完成的。车架式车身和整体式车身的结构件是非常坚固的,强度也非常高,对于这些部件的整形,必须通过车身校正仪的巨大液压力才能够进行修复操作,使用车身校正仪可以快速精确地修理这些损坏的构件。

车身校正仪是专用的车身校正设备,可以对各种类型、型号的车身进行有效校正。常见的车身校正仪如图6-6所示,它主要由平台、上车系统及升降系统、主夹具、液压系统、塔柱拉伸系统、钣金工具和测量系统等组成。

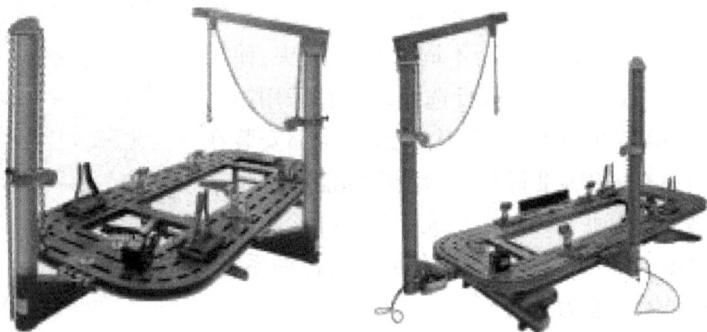

图6-6 车身校正仪

使用车身校正仪时应遵循以下步骤:

(1)上车:可以通过举升设备或牵引装置将车放置在工作台上。

(2)定位、夹紧:将车限定在工作台中央位置,通过一些辅助定位装置,将车的底盘定位,使车的车身大致保持水平,然后通过夹钳装置将车裙边部位牢牢地固定住,这样整个车身就固定在工作台上了。

(3)拉拔:也是操作车身校正仪的重要环节。首先要明确车身变形校正的原理,充分利用力的性质(合成、分解、可移性及平行四边形法则等),按与车身碰撞力大致相反的方向拉拔或顶压变形部位,使损伤部件得以修复。

但是,拉拔校正时,要根据金属材料的弹性留出适当的拉拔过量度,使车身结构在拉拔力消除后恰好能恢复其原有形状和尺寸,但不要拉拔过量,造成车身二次损伤,使修复作业更加麻烦。

(二)烤漆房

随着我国道路运输市场的全面放开和经济的迅速增长,人们对各类汽车的需求量急剧上升,除给国内汽车市场带来巨大的机遇之外,也给汽车维护、维修业的发展带来了空前的机遇和挑战。烤漆房是汽车油漆修复工作最重要的设备之一,目前已成为大中型汽修厂和4S店必备的主要维修设备,甚至许多街面汽车快修店也都想方设法挤出空间,增加投资,购置喷、烤漆房。

烤漆房(Baking finish house)是一种用来给设备表面进行喷漆染色并烘干的设备,不但能起到美观的作用,而且还能保护物品。可以防止物体在潮湿和灰尘的恶劣环境中遭到腐蚀,喷漆可以防止金属件被侵蚀,延缓塑料件的老化;同时可以通过喷漆上色对物体达到艺术化审美的设计风格,让车体外形更美观,带来更多的商业价值和视觉美感。烤漆房就是这种专业的设施通过技术处理对物体表面进行装饰、修复的重要设备。

简言之,烤漆房一般是用来喷涂和烘烤漆的,因此,烤漆房最确切的描述应为"喷烤漆房"。广泛用于汽车、机械等行业的工件表面喷漆、烤漆施工作业。常见的汽车烤漆房如图6-7所示。

图6-7 烤漆房

1.烤漆房的结构

常见烤漆房为拼装式结构。房体采用子母插式保温喷塑墙板,密封、保温性能好,房体侧面装有工作门,方便工作人员进出;铝合金包边大门,门中央装有观察窗,可随时观察房内动态。选用低噪声高风量风机,确保喷漆效果的完美性;优质不锈钢热交换器,换热效率高,使用寿命长。

2.烤漆房的类型

按气流方向不同可分为:横流式烤漆房、侧面下冲式烤漆房和全下冲式烤漆房三种;按加热方式不同可分为:柴油烤漆房、电加热烤漆房、蒸汽加热烤漆房、远红外烤漆房、废机油烤漆房等;按漆雾处理方式不同可分为:干式烤漆房和湿式烤漆房两种。

3.烤漆房使用注意事项

为保证良好的喷、烤漆质量,烤漆房在使用中必须注意以下事项:

(1)在进行喷涂前必须先检查喷涂的气压是否正常,同时确保过滤系统清洁。

(2)检查空气压缩机和油水微尘分离器,使喷漆软管保持洁净。

(3)喷枪、喷漆软管和调漆罐要存放在干净的地方。

(4)除了用吹风枪和粘尘布除尘外,其他所有喷涂前的工序都应该在烤漆房外完成。

(5)在烤漆房只能进行喷涂和烘烤工序,而且烤漆房房门只可在车辆进出时开启,开启房门时必须开动喷涂时的空气循环系统以产生正压,确保房外的灰尘不能进入房内。

(6)必须穿着指定的喷漆服和佩戴安全防护用具才能进入烤漆房进行操作。

(7)在进行烘烤作业时,必须将烤漆房内的易燃物品拿出房外。

(8)非必要人员,不得进入烤漆房。

(三)轮胎动平衡机

在汽车车轮的轮毂边缘上,有的有一块或多块大小不等的小铅块。与各式各样漂亮的轮毂相比,这些个小铅块好像有些不太相衬。但正是这一个个小小的铅块,对汽车高速行驶的稳定性起着非常重要的作用。

汽车的车轮是由轮胎、轮毂组成的一个整体。但由于制造上的原因,使这个整体各部分的质量分布不可能非常均匀。当汽车车轮高速旋转起来后,就会形成动不平衡状态,造成车辆在行驶中车轮抖动、转向盘振动的现象。为了避免这种现象或是消除已经发生的这种现象,就要使车轮在动态情况下通过增加配重的方法,使车轮校正各边缘部分的平衡。这个校正的过程就是人们常说的动平衡。

轮胎应当定期作动平衡检测,以保证车辆行驶稳定性,避免在高速行驶时因轮胎摆动、跳动、失去控制而造成的交通事故。

相关链接

轮胎平衡分为动态平衡和静态平衡两种。动态不平衡会使车轮摇摆,令轮胎产生波浪形磨损;静态不平衡会产生颠簸和跳动现象,往往使轮胎产生平斑现象。

轮胎动平衡机就是用来检测和调整轮胎动平衡的专用设备。常见的轮胎动平衡机如图6-8所示。

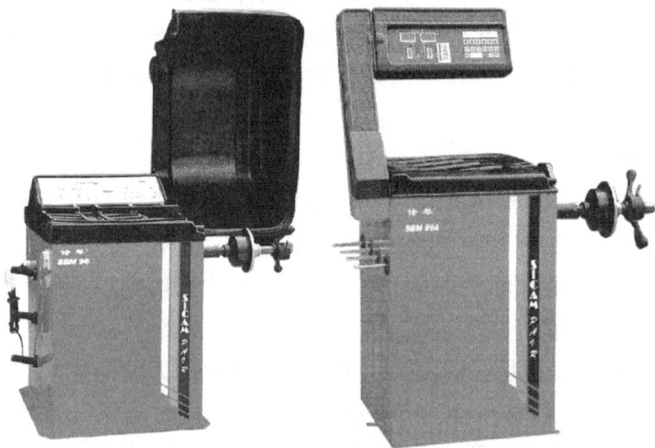

图6-8 轮胎动平衡机

用轮胎动平衡机检测轮胎动平衡,需按如下步骤进行。

(1)清除被测车轮上的泥土、石子和旧平衡块。

(2)检查轮胎气压,视必要充至规定值。

(3)根据轮辋中心孔的大小选择锥体,仔细地装上车轮,用大螺距螺母上紧。

(4)打开轮胎动平衡机电源开关,检查指示与控制装置的面板是否指示正确。

（5）用卡尺测量轮辋宽度 L，轮辋直径 D（也可从胎侧读出），用平衡机上的标尺测量轮辋边缘至机箱距离 A，再用键入或选择器旋钮对准测量值的方法，将 A、D、L 值键入指示与控制装置中去。

（6）放下车轮防护罩，按下起动键，车轮旋转，平衡测试开始，自动采集数据。

（7）车轮自动停转或听到"滴"声后按下停止键并操纵制动装置使车轮停转，从指示装置读取车轮内、外不平衡量和不平衡位置。

（8）抬起车轮防护罩，用手慢慢转动车轮。当指示装置发出指示（音响、指示灯亮、制动、显示点阵或显示检测数据等）时停止转动。在轮辋的内侧或外侧的上部（时钟 12 点位置）加装指示装置显示的该侧平衡块质量。内、外侧应分别进行，平衡块装卡要牢固。

（9）安装平衡块后有可能产生新的不平衡，就重新进行平衡测试，直到不平衡量 <5g，指示装置显示"00"或"OK"时才能满意。当不平衡量相差 10g 左右时，如能沿轮辋边缘前后移动平衡块一定角度，将可获得满意的效果。实践经验越丰富，平衡速度越快。

（10）测试结束，关闭电源开关。

（四）喷油器清洗检测仪

喷油器是电喷发动机关键部件之一，它工作状况的好坏将直接影响发动机的性能。然而不少车主根本不重视发动机喷油器的清洗，或者认为发动机喷油器要隔很长时间才需进行清洗——殊不知喷油器堵塞会严重影响汽车性能！

喷油器工作的好坏，对每台发动机的功率发挥起着根本性作用。燃油不佳会导致喷油器工作不灵，使缸内积炭严重，缸筒、活塞环加速磨损，造成怠速不稳，油耗上升，加速无力，起动困难及排放超标；严重的会彻底堵塞喷油器，损坏发动机。因此，要定时清洗喷油器。至于清洗的频率，要根据车况和平时使用的燃油的质量来确定，一般来说，现在大多建议车主在 2 万～3 万 km 进行清洗。车况好、燃油质量好可以延长到 4 万～6 万 km。

喷油器清洗检测仪是采用超声波清洗技术与微处理器油压控制清洗检测技术相结合的一种机电一体化产品。该产品可模拟发动机的各种工况，对汽车的喷油器进行清洗、检测，同时还可对汽车喷油器及供油系统进行免拆清洗。常见的喷油器清洗检测仪如图 6-9 所示。

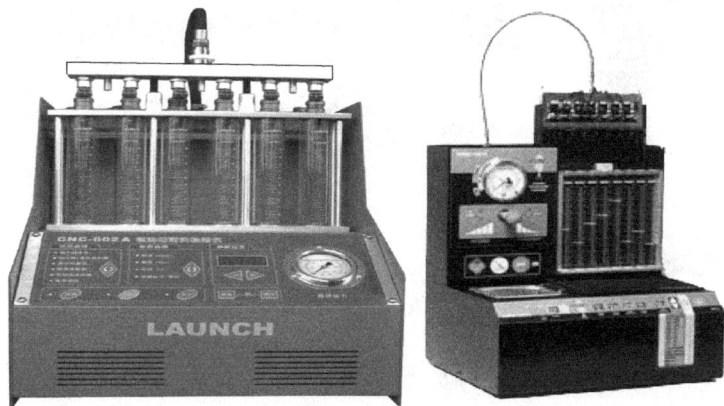

图 6-9 喷油器清洗检测仪

技能训练

解码器的使用

1. 准备工作

（1）场地设施：整车(或发动机起动台架)。

（2）工具：解码器，常用工具套件，工具车，五件套。

2. 实训过程

（1）安装五件套。

（2）打开解码器(以 KT600 为例)，如图 6-10 所示，查看解码器零配件是否齐全，选择适合的诊断接头。

（3）组装解码器，如图 6-11 所示。

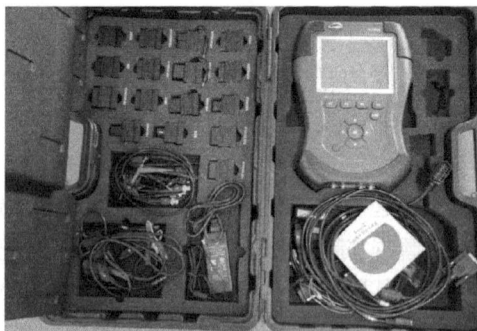

图 6-10　KT600 解码器

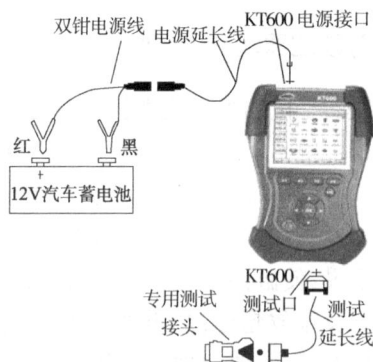

图 6-11　KT600 解码器组装

（4）关闭点火开关，将解码器连接到汽车诊断座上，如图 6-12 所示。

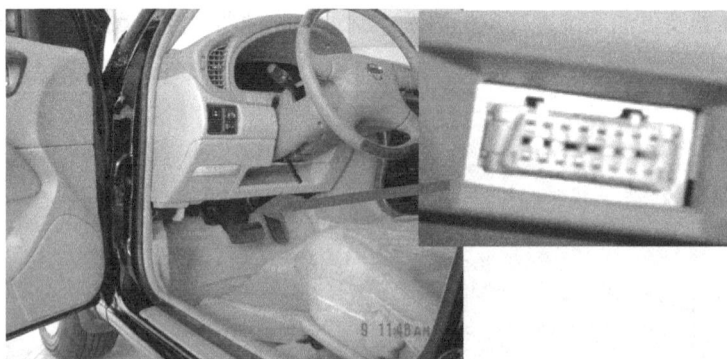

图 6-12　诊断座位置

（5）打开点火开关，启动解码器，选择车辆品牌，如图 6-13 所示。

（6）选择"美国丰田"(其他车型根据车辆进行选择)，如图 6-14 所示。

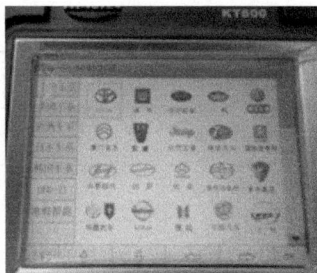

图6-13　选择车辆品牌

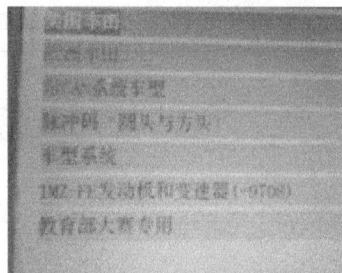

图6-14　选择"美国丰田"

（7）选择"CRON"，如图6-15所示；选择"COROLLA（EX）"，如图6-16所示。

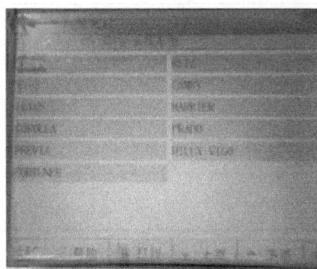

图6-15　"CRON"

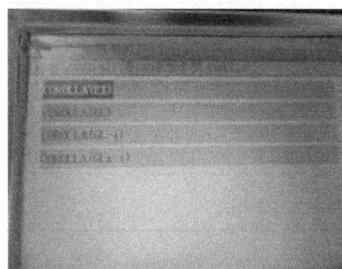

图6-16　选择"COROLLA（EX）"

（8）选择"ENGINE AND ECT"，如图6-17所示；选择读取故障码，如图6-18所示。

（9）记录你所读取的故障码，故障码页面如图6-19所示，将故障码记录到表6-1中。

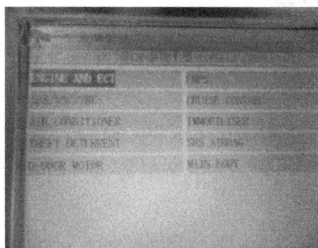

图6-17　选择"ENGINE AND ECT"

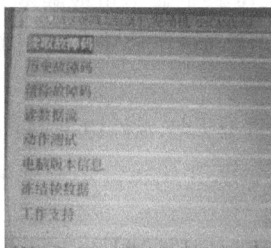

图6-18　选择读取故障码

图6-19　故障码页面

（10）清除故障码，重新读取故障码，看故障码是否再次出现。

（11）选择主要数据流，如图6-20所示，弹出数据流页面，如图6-21所示，完成表6-1中的数据填写。

图6-20　选择主要数据流

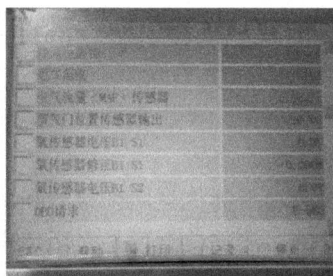

图6-21　数据流页面

故障码和发动机主要数据记录表　　　　　　　　　　　表 6-1

发动机故障码			
发动机数据			
项目	数值	单位	判断
发动机转速			
点火提前角			
发动机冷却液温度			
进气质量			
喷油脉宽			
加速踏板位置			
节气门位置			

单元小结

（1）汽车检测与维修设备是汽车维修企业不可或缺的重要设备。

（2）发动机综合性能测试仪是现代汽车维修中不可或缺的重要检测设备,可进行有关发动机的多项性能测试。

（3）汽车的车轮定位是指车轮、悬架系统元件以及转向系统元件,安装到车架(或车身)上的几何角度与尺寸需符合一定的要求,车轮定位是否准确关系到汽车的行车安全,可以用四轮定位仪来检测汽车的车轮定位。

（4）四轮定位仪主要由上位机和下位机组成。上位机包括箱体、电脑主机、显示器、打印机、软件、通信系统。下位机由测量传感器、夹具、转角盘组成。

（5）手持式汽车诊断电脑又称为解码器、扫描仪等,手持式汽车诊断电脑种类繁多,一般分为专用型和通用型两种。

（6）车身校正仪是专用的车身校正设备,可以对各种类型、型号的车身进行有效校正。常见的车身校正仪主要由平台、上车系统及升降系统、主夹具、液压系统、塔柱拉伸系统、钣金工具和测量系统等组成。

（7）烤漆房是一种用来给设备表面进行喷漆染色并烘干的设备,不但能起到美观的作用,而且还能保护物品。

（8）轮胎动平衡机是用来检测和调整轮胎动平衡的专用设备。

（9）喷油器清洗检测仪是采用超声波清洗技术与微处理器油压控制清洗检测技术相结合的一种机电一体化产品。该产品可模拟发动机的各种工况,对汽车的喷油器进行清洗、检测,同时还可对汽车喷油器及供油系统进行免拆清洗。

思考与练习

一、填空题

1. 手持式汽车诊断电脑主要用于直接与 ECU 联系,将存储在 ECU 中的_____显示出来,并能够将故障码从_____中清除。此外,它还能作为电压表、示波器来显示各种传感器、执行器的信息数据。

2. 烤漆房的类型按气流方向不同可分为:_____、_____和_____三种。

3. _____是用来检测和调整轮胎动平衡的专用设备。

二、选择题

1. 技师甲说:"每行驶 10000km 或 6 个月后要进行四轮定位。"技师乙说:"直线行驶时汽车往左或往右偏移,直行时如不紧握转向盘,汽车转向盘就不正。"谁说得对?(   )

   A. 只有甲对   B. 只有乙对   C. 甲、乙都对   D. 甲、乙都不对

2. 技师甲说:"示波器将信息以连续的电压变化曲线形式显示出来,测量更精确。"技师乙:"示波器只能测试静态信息。"谁说得对?(   )

   A. 只有甲对   B. 只有乙对   C. 甲、乙都对   D. 甲、乙都不对

3. 由计算机诊断仪进行的测试也可以由以下哪项进行?(   )

   A. 喷油器电路信号检测灯   B. 排放分析仪

   C. 发动机分析仪   D. 数字式万用表

4. 以下对 OBD-Ⅱ 的主要特点说法错误的是 (   )。

   A. 汽车按标准装用统一的 16 端子诊断座,并将诊断座统一安装在驾驶室仪表板下方

   B. OBD-Ⅱ 具有数据传输功能

   C. OBD-Ⅱ 具有行车记录功能

   D. 装用 OBD-Ⅱ 的汽车,可以采用不同的故障码代号及故障码意义不需统一

5. 下面是对轮胎平衡机检测轮胎平衡的描述,错误的是(   )。

   A. 检测前清除被测车轮上的泥土、石子和旧平衡块

   B. 检查轮胎气压,视必要充至规定值

   C. 起动检查前必须放下防护罩

   D. 检查结束安装平衡块就行了,不需要再进行测试

三、简答题

1. 汽车在哪些情况下必须进行四轮定位检测?

2. 示波器的波形上升和下降分别表示什么意思?

3. 有人说,车架式车身和整体式车身的结构件可以不用车身校正仪进行修复。这种说法是否正确?

4. 使用烤漆房应注意哪些事项?

5. 怎样检测和调整轮胎的动平衡?

6. 使用喷油器清洗检测仪可以快速清洗喷油器而不能对发动机燃油系统进行清洗,对吗?

单元七 汽车运行材料

学习目标

完成本单元学习后,你应该能:

1. 了解汽车运行材料的类别;

2. 知道车用燃油的主要类型及其性能指标;

3. 知道车用润滑材料的类型及其性能指标;

4. 了解车用轮胎及其选用注意事项;

5. 了解汽车冷却液、制动液的类别及其性能指标。

建议学时:14 学时

一、车用燃油

当前,汽油和柴油仍然是汽车的主要燃料。在我国民用汽车保有量中,汽油车占据主导地位,约为 75%,柴油车约占 25%,但柴油车有逐渐增加的趋势。

(一)车用汽油

车用汽油是汽油的一种,由原油经过蒸馏或重质烃类原料经过二次加工(热转化或者催化转化)得到的,并加有适量的抗爆剂和抗氧化防结胶剂。车用汽油是一种用量最大的运输燃料。

相关链接

通常将馏程在 30~220℃ 范围内、可以含有适当添加剂的精制石油馏分称为汽油。根据其用途和品质的不同,汽油分为车用汽油、航空汽油、工业汽油和溶剂汽油等。

1. 汽油的使用性能及其评定指标

1)蒸发性及其评定指标

汽油的蒸发性是指汽油由液态转化为气态的性质,它表示汽油蒸发的难易程度,对发动机的起动、暖机、加速、气阻、排放污染、燃油消耗量等有重要影响。

汽油蒸发性不好,则混合气形成不良,发动机低温冷起动困难,燃烧不充分,致使暖机时间加长、油耗增加、碳氢化合物排放浓度增加;同时,没有蒸发的汽油冲刷发动机汽缸壁润滑油膜,流入油底壳后稀释润滑油,导致润滑油变质,造成发动机润滑困难。因此,要求汽油具有良好的蒸发性。但是,汽油蒸发性太好,也会导致其他问题:一方面容易导致气阻的产生,造成发动机不能正常工作或停机后不能起动;另一方面容易造成电子控制燃油喷射发动机的炭罐过载,影响发动机的排放。

小提示

国际上的燃料规范把汽油的蒸发性分为 A、B、C、D、E 五级,不同地区的用户可以根据季节的变化选用不同蒸发性的汽油。

汽油的蒸发性用馏程和饱和蒸气压两个指标来综合评定。

(1)馏程:油品在规定条件下蒸馏所得到的,从初馏点到终馏点的温度范围和残留量,称为该产品的馏程。馏程是汽油的重要质量指标,根据馏程可以大致判断出汽油的轻、重质馏分的比例。馏程是限制汽油的蒸发温度不高于某个温度,保证汽油具有良好的蒸发性,以保证发动机正常的工作。

(2)饱和蒸气压:在规定条件下,汽油在标准仪器中气液两相达到平衡时,液面蒸气所产生的最大压力,称为饱和蒸气压。目前,国内外均采用的雷德饱和蒸气压,是指汽油与其蒸气的体积比为1:4以及温度为38℃时所测得的汽油最大压力。

汽油饱和蒸气压越高,其蒸发性越好,发动机低温冷起动性越强,大气压越低或者环境温度越高,饱和蒸气压也随之提高。但汽油的饱和蒸气压不能过高,过高则容易产生"气阻",影响发动机的正常工作,同时导致汽油蒸气损失增加,碳氢化合物排放浓度加大。

2)抗爆性及其评定指标

抗爆性是指汽油在汽油机燃烧室内燃烧时防止爆燃的能力。

爆燃是发动机工作时的一种不正常现象,它是指在汽油发动机燃烧过程中,在火焰前锋尚未到达之前,末端混合气由于剧烈氧化而自燃,并以极高的速度传播火焰,形成爆炸式的压力脉冲,使汽缸内产生清脆而尖锐的金属敲击声,并引起发动机振动。爆燃会使发动机功率下降、油耗增加、零件磨损加快、热负荷增加,长时间爆燃还将导致发动机过热,甚至造成零件损坏。因此,要求汽油具有良好的抗爆性。

通常,汽油的抗爆性用汽油的辛烷值评定。

(1)汽油辛烷值:辛烷值是表示点燃式发动机燃料抗爆性的一个约定数值。汽油的辛烷值越高,其抗爆性就越好;反之,就越差。

汽油的辛烷值在实验室用对比试验的方式来测定的。在规定条件下的标准发动机试验中,通过和标准燃料进行比较来测定,采用和被测定燃料具有相同抗爆性的标准燃料中异辛烷的体积百分数来表示。

按照测定方法不同,辛烷值分为马达法辛烷值(缩写 MON)和研究法辛烷值(缩写 RON)两种。

(2)抗爆指数:抗爆指数是汽油马达法辛烷值与研究法辛烷值之和的1/2。在我国,为了反映汽油的灵敏度,有的汽油规格标准采用了抗爆指数作为抗爆性评定指标,它能较为真实全面地反映车辆运行中汽油的抗爆性,因此被称为实际辛烷值。

(3)提高汽油抗爆性的方法:汽油的抗爆性对发动机的工作影响很大,因此,如何提高汽油的抗爆性一直是人们研究的重要课题,目前主要有以下3种方法。

①采用先进的汽油炼制工艺,生产含有更多高辛烷值成分的汽油。

②改变汽油辛烷值改善组分。能够作为汽油辛烷值改善组分的物质很多,如烷基化油、异构化油、工业异辛烷等,这些物质的辛烷值都很高,加在汽油组分中,能够显著提高汽油的辛烷值,改善抗爆性。

3)化学安定性及其评定指标

汽油的化学安定性又称氧化安定性,是指汽油在自然条件下,长时间放置的稳定性,即抵抗氧化生胶的能力。

安定性不好的汽油,在使用中受到空气中的氧气、环境温度和光的作用,容易氧化生成胶质,使汽油颜色变黄并产生黏稠沉淀,这些沉淀将导致化油器变脏或堵阻、喷油器结胶堵塞、气门关闭不严,致使发动机不能正常工作,排放污染增加。因此,为了保证发动机可靠工作,要求汽油必须具有良好的化学安定性。

汽油化学安定性的评定指标一般是指实际胶质和诱导期。

(1)实际胶质:在规定条件下测得的发动机燃料的蒸发物。实际胶质能促进发动机沉淀物的生成。实际胶质越低,汽油的化学安定性越好;反之,则越差。

(2)诱导期:在规定的加速氧化条件下,油品处于稳定状态下所经历的时间周期,以 min 表示。汽油的诱导期越长,越不易氧化,其安定性越好;反之,则越差。

4)防腐性及其评定指标

汽油在运输、储存和使用的过程中,不可避免地要与各种金属接触。如果汽油具有较强的腐蚀性,就会腐蚀各种设备和发动机零部件,因此,国家标准中对汽油的腐蚀性有严格的要求,即要求汽油对运输的设备、储存的容器和零件无腐蚀性。

汽油腐蚀性的评定指标是水溶性酸或碱、酸度、铜片腐蚀试验、博世试验、硫酸硫含量和硫含量。

5)清洁性及其评定指标

汽油中不应含有机械杂质和水分。通常用清洁性来表示汽油中是否含有机械杂质和水分。

机械杂质会引起化油器量孔、喷油器喷嘴的磨损或堵阻、汽油滤清器堵塞,机械杂质进入汽缸会使燃烧室沉积物增加,加速汽缸、活塞或活塞环的磨损。汽油中的水分会加速汽油的氧化,甚至形成酸性水溶液,从而腐蚀零件,同时,在低温下水分容易结冰,严重时会堵塞油路,甚至造成供油中断。

评定汽油清洁性的指标是机械杂质和水分。

相关链接

汽油清洁性的简易判断方法——目测注入清洁干燥的 100mL 玻璃量筒中的汽油,如果油色透明且没有悬浮物、沉淀物和水分,则认为合格。

2. 汽油的规格

汽油的质量标准称为汽油的规格,通常根据汽油的辛烷值大小来划分。例如,90 号汽油表示辛烷值不低于 90;93 号汽油表示辛烷值不低于 93,以此类推。

不同牌号的汽油适用于不同压缩比的发动机。汽油的牌号越高,其抗爆性越好,适用于高压缩比的发动机使用。

3. 汽油的选用

随着欧Ⅲ标准的汽车越来越多,那些原本使用低标号汽油的车,经过一段时间的使用后,车辆普遍存在以下故障:如发动机故障灯报警、发动机加速无力、抖动等。为什么会出现这些现象,怎样避免这些现象,这就涉及汽油的选用问题。

一般说来,车用汽油的选用应遵循以下原则。

(1)根据汽车使用说明书的要求选择。根据汽车出厂规定选用汽油是最常用的方法。在随车提供的汽车使用说明书中都有明确的规定。汽车使用说明书是汽车生产厂为保证汽车能正常、可靠地行驶,充分发挥和保持良好的技术性能,延长汽车使用寿命而提供给用户的使用须知,是汽车使用技术(包括燃油和润滑油的选用)的主要依据。如果不按照规定的要求选用汽油,所产生的危害是很大的。若高压缩比的发动机选用低标号汽油,发动机极容易产生爆燃,发动机爆燃过久,容易造成活塞烧顶、环岸烧损、活塞环断裂等故障,加速了机件的损坏;若低压缩比的发动机选用高标号的汽油,不仅生产成本增加,而且对发动机也没什么好处。如果发动机使用电喷系统和废气净化装置,规定必须使用无铅汽油,如果长时间使用有铅汽油,会使电喷系统和废气净化装置早期失效或损坏。

(2)根据发动机压缩比的大小选择。压缩比大的发动机应选用高牌号的汽油,压缩比小的发动机应选用低牌号的汽油。一般说来,压缩比为 7.0~8.0 的汽油机应选用 90 号汽油;压缩比为 8.5~9.5 的中档轿车一般应使用 93 号汽油;压缩比大于 9.5 的轿车应使用 97 号汽油。目前国产轿车的压缩比一般都在 9 以上,最好使用 93 号或 97 号汽油。

(3)根据使用条件来选择。在选用汽油牌号时,还要考虑发动机使用条件、海拔、大气压力等因素。经常处于大负荷、大转矩、低转速状况下使用的汽油机(如拖挂运行的汽车),容易产生爆燃,应选用较高辛烷值的汽油(指与在正常使用条件下的汽车相比);高原地区由于大气压力小,空气稀薄,汽油机工作时爆燃倾向减小,可适当降低汽油的标号。经验表明,海拔每上升 100m,汽油辛烷值可降低约 0.1 个单位。

(4)注意车用汽油低硫含量、低烯烃含量的发展趋势。随着排放标准的逐渐提高,对汽油的硫含量、烯烃含量和杂质含量也提出了越来越高的要求。长期使用欧Ⅲ汽油可以延长排放控制系统中催化转换器和氧传感器等零部件的寿命,并使尾气排放控制和转换净化效率长时间保持在较高水平。

(5)根据使用时间来调整汽油的牌号。发动机长时间使用后,由于燃烧室积炭、水套积垢等原因会导致发动机压力增加,如再使用原牌号的汽油就会出现爆燃,因此这类汽车维护后应选用高一级的汽油。

(二)车用柴油

柴油(Diesel)也是石油制品,是石油提炼后的一种油质的产物。它由不同的碳氢化合物混合组成。柴油分为轻柴油(沸点范围为180～370℃)和重柴油(沸点范围为350～410℃)两大类。广泛用于大型车辆、铁路机车、船舰。

1. 柴油的使用性能及其评定指标

1)燃烧性及其评定指标

柴油的燃烧性是指其自燃能力。高速柴油机要求柴油喷入燃烧室后迅速与空气形成均匀的混合气,并立即自动着火燃烧,因此要求柴油易于自燃。从柴油开始喷入汽缸到开始着火的间隔时间称为着火延迟期。若着火延迟期过长,则在此期间积聚在汽缸内并完成燃烧准备的柴油就越多,以致大量柴油同时燃烧,发动机温度和压力急剧增加,运转不平稳并发出异响,这种不正常的燃烧现象称为柴油机工作粗暴。柴油的自燃点(在空气存在下能自动着火的温度)越低,则着火延迟期越短,燃烧性越好。一般以十六烷值作为评价柴油燃烧性好坏的指标。

十六烷值是指与柴油自燃性相当的标准燃料中所含正十六烷的体积百分数。标准燃料是用正十六烷与a-甲基萘按不同体积百分数配成的混合物。其中正十六烷自燃性好,设定其十六烷值为100,a-甲基萘自燃性差,设定其十六烷值为0。十六烷值测定是在实验室标准的单缸柴油机上按规定条件进行的。十六烷值高的柴油容易起动,燃烧均匀,输出功率大;十六烷值低,则着火慢,工作不稳定,容易发生爆燃。一般用于高速柴油机的轻柴油,其十六烷值以40～55为宜;中、低速柴油机用的重柴油的十六烷值可低到35以下。

相关链接

柴油十六烷值的高低与其化学组成有关,正构烷烃的十六烷值最高,芳烃的十六烷值最低,异构烷烃和环烷烃居中。当十六烷值高于50后,再继续提高对缩短柴油的滞燃期作用已不大;相反,当十六烷值高于65时,会由于滞燃期太短,燃料未及与空气均匀混合即着火自燃,以致燃烧不完全,部分烃类热分解而产生游离碳粒,随废气排出,造成发动机冒黑烟及油耗增大,功率下降。

2)低温流动性及其评定指标

柴油的低温流动性是指柴油在低温条件下保持流动状态的性能。低温条件下柴油的流动性能不仅是保证柴油发动机供油正常的关键,而且还对柴油的运输、储存等作业能否正常进行有重要的影响。因此,要求柴油具有良好的低温流动性。

评定柴油低温流动性的指标是凝点、浊点和冷滤点,我国一般只采用凝点和冷滤点。

(1)凝点。

凝点是评定柴油流动性的重要指标,柴油的凝点是指油品在规定条件下冷却至丧失流动性时的最高温度。柴油的凝点与其蜡含量有关,油品中蜡含量越高,其凝点越高,低温时越容易堵塞过滤器和输油管,造成供油困难甚至供油中断。为了保证柴油发动机工作正常,通常应选用凝点低于环境温度5～7℃的柴油。

在我国,柴油的牌号就是按照凝点来划分的。如10号、0号、-10号柴油的凝点分别不高于10℃、0℃、-10℃。

（2）冷滤点。

在规定条件下，柴油试油开始不能通过滤网的最高温度，称为冷滤点。具体来说，就是把试油在规定条件下冷却，在2kPa的压力下进行抽吸，使试油通过363目/in² 的滤网，当试油冷却到通过滤网流量小于20mL/min时的最高温度，就是冷滤点。

冷滤点是选择轻柴油低温流动性的主要依据，因为冷滤点的测定条件是模拟发动机实际工作情况确定的，因此，它能较好地判断柴油可能使用的最低温度。一般来说，柴油的冷滤点就相当于最低使用温度。如0号柴油的冷滤点为4℃，就应该在环境温度为4℃以上的地区使用。

3）雾化和蒸发性及其评定指标

柴油从喷油器喷出，必须要经过雾化、蒸发、与空气混合才能燃烧，由于其经历的时间极短（只有15°～30°曲轴转角），因此，柴油的雾化和蒸发性就直接影响柴油发动机混合气的形成速度和质量。如果柴油的雾化和蒸发性太差，就可能导致发动机过热、功率下降、排气冒黑烟、不易起动等现象。因此，要求柴油必须具有较好的雾化和蒸发性。

柴油的雾化和蒸发性的评定指标主要有馏程和闪点。

（1）馏程。

柴油馏程的测定方法和汽油相似，但其采用的是50%、90%和95%馏出温度。

柴油的50%馏出温度越低，说明柴油中的轻质馏分越多，蒸发性越好，越容易形成良好的混合气，利于发动机起动。柴油50%馏出温度与起动性能的关系见表7-1。但柴油50%馏出温度不能过低，因为轻质馏分过多将导致发动机工作粗暴。

柴油50%馏出温度与起动性能的关系　　　　　　　　　　　　　表7-1

柴油50%馏出温度（℃）	200	225	250	275	285
发动机的起动时间（s）	8	10	27	60	90

90%和95%馏出温度表示柴油中重质馏分的含量多少。其温度越低，混合气燃烧越完全，不仅可以提高发动机的动力性，而且还能减少磨损，降低油耗；反之，其温度越高，混合气燃烧越不完全，不仅造成发动机功率下降，而且零件磨损加剧，油耗上升。国家标准规定，柴油的90%馏出温度不得高于355℃。

（2）闪点。

闪点是指油品在规定条件下加热到它的蒸气与空气形成的混合气接触火焰发生闪火时的最低温度。

柴油的闪点既是控制柴油雾化和蒸发性的指标，也是保证柴油安全性的指标。柴油的闪点过低，会使柴油机工作粗暴，并且造成储存、运输和使用中危险。因此，为了控制柴油蒸发性不致过强，国家标准采用"不低于"指标加以控制。

相关链接

油品的危险等级就是根据闪点来划分的。闪点在45℃以上的为可燃品，45℃以下为易燃品。

2. 车用柴油的选用

1)车用柴油的正确选用

选择车用柴油的主要依据是气温,应根据不同地区和季节,选择不同牌号的柴油。具体是:

(1)10 号柴油:适用于有预热设备的柴油机。

(2)0 号柴油:适用于风险率为 10%、最低气温在 4℃以上的地区使用。

(3)−10 号柴油:适用于风险率为 10%、最低气温在 −5℃以上的地区使用。

(4)−20 号柴油:适用于风险率为 10%、最低气温在 −5 ~ −14℃的地区使用。

(5)−35 号柴油:适用于风险率为 10%、最低气温在 −14 ~ −29℃的地区使用。

(6)−50 号柴油:适用于风险率为 10%、最低气温在 −29 ~ −44℃的地区使用。

某月风险率为 10% 的最低气温,表示该月最低气温低于该值的概率为 0.1,或者说该月中最低气温高于该值的概率为 0.9。

推荐用风险率为 10% 的最低气温来估计该地区的最低环境温度,不仅有利于车用柴油的选用,同时也是选择发动机润滑油、车用齿轮油的依据。我国部分省、自治区风险率为10% 的最低气温见表7-2。

我国部分省、自治区风险率为10%的最低气温(℃) 表 7-2

省、自治区	1月	2月	3月	4月	5月	6月	7月	8月	9月	10月	11月	12月
河北省	−14	−13	−5	1	8	14	19	17	9	1	−6	−12
山西省	−17	−16	−8	−1	5	11	15	13	6	−2	−9	−16
内蒙古自治区	−43	−42	−35	−21	−7	−1	1	1	−8	−19	−32	−41
黑龙江省	−44	−42	−35	−20	−6	1	7	4	−6	−20	−35	−43
吉林省	−29	−27	−17	−6	1	8	14	12	2	−6	−17	−26
辽宁省	−23	−21	−12	−1	6	12	18	15	6	−2	−12	−20
山东省	−12	−12	−5	2	8	14	19	18	11	4	−4	−10
江苏省	−10	−9	−3	3	11	15	20	20	12	5	−2	−8
安徽省	−7	−7	−1	5	12	18	20	20	14	7	0	−6
浙江省	−4	−3	1	6	13	17	22	21	15	8	2	−3
江西省	−2	−2	3	9	15	20	23	23	18	12	4	0
福建省	−4	−3	3	8	14	18	21	20	15	8	1	−3
广东省	1	2	7	12	18	21	23	23	20	13	7	2
广西壮族自治区	3	3	8	12	18	21	23	23	19	15	9	4
湖南省	−2	−2	3	9	14	18	22	21	16	10	4	−1
湖北省	−6	−4	0	6	12	17	21	20	14	8	1	−4
河南省	−10	−9	−2	4	10	15	20	18	11	4	−3	−8
四川省	−21	−17	−11	−7	−2	1	2	1	0	−7	−14	−19
贵州省	−6	−6	−1	3	7	9	12	11	8	4	−1	−4
西藏自治区	−29	−25	−21	−15	−9	−3	−1	0	−6	−14	−22	−29
新疆维吾尔自治区	−40	−38	−28	−12	−5	−2	0	−2	−6	−14	−25	−34

省、自治区	1月	2月	3月	4月	5月	6月	7月	8月	9月	10月	11月	12月
青海省	-33	-30	-25	-18	-10	-6	-3	-4	-6	-16	-28	-33
甘肃省	-23	-23	-16	-9	-1	3	5	5	0	-8	-16	-22
陕西省	-17	-15	-6	-1	5	10	15	12	6	-1	-9	-15
宁夏回族自治区	-21	-20	-10	-4	2	6	9	8	3	-4	-12	-19

2)柴油使用的注意事项

(1)不同牌号的轻柴油,由于它的质量指标除凝点外基本相同,因此可以掺和使用。例如:某地区的最低气温为0℃,不宜使用0号柴油,但是全部用-10号柴油又浪费,就可以用0号柴油与-10号柴油按一定比例掺兑,使其凝点在-5～-10℃即可使用。

(2)柴油不能与汽油混合。因为汽油的自燃点较高,柴油中掺兑汽油,会使着火性变差,导致起动困难。

(3)储存和运输中应严防机械杂质和水分混入,加入汽车油箱前,要充分沉淀、过滤,以去除杂质。因为,高速柴油机的喷油泵和喷油嘴都是十分精密的部件,稍有杂质进入,就会遭到严重磨损。

二、车用润滑材料

汽车在正常行驶的过程中,许多零部件因相对运动而产生磨损,磨损是汽车产生故障或损坏的主要原因之一。为了减缓零部件的磨损,延长零部件的使用寿命,最大限度地发挥汽车的效用,必须正确使用润滑材料。

汽车的润滑材料主要包括发动机润滑油、汽车齿轮油和汽车润滑脂等。

(一)发动机润滑油

发动机是汽车的核心部件,因此,发动机润滑油是汽车润滑剂中最重要的油品。发动机润滑油是车用润滑油中用量最大、性能要求较高、品种规格繁多、适于工作条件异常苛刻的一种油品。

1. 发动机润滑油的作用

发动机润滑油的主要作用是润滑、冷却、清洗、密封和防蚀。

(1)润滑作用:将发动机润滑油输送到各相对运动摩擦表面,形成润滑油膜,以减少零件的摩擦,降低磨损,这是润滑油的主要作用。

(2)冷却作用:发动机工作时,除了冷却系统带走大量的热量以外,润滑油的流动也将从汽缸、活塞、曲轴等摩擦表面吸取热量并传递到温度较低的零件上,由冷却液带走,以保证发动机的正常工作温度,保护发动机不因过热而烧坏。

(3)密封作用:发动机各零件之间存在一定的间隙,有的间隙对发动机的正常工作影响较大,如汽缸、活塞、活塞环之间的间隙。发动机润滑油可以填充在这些间隙里,形成油封,提高密封性,减少漏气,从而保证发动机的输出功率。

(4)清洗作用:发动机工作时,燃料燃烧产生的积炭、相互配合的运动部件摩擦产生的磨屑、润滑油高温氧化形成的胶质、空气中的灰尘等将在发动机零部件上形成沉积物和漆膜,这些沉积物和漆膜如不及时清除将加剧零部件的磨损,严重时甚至卡死活塞环,影响发动机的正常运转。发动机润滑油的不断循环流动,能及时将这些杂物带走,并通过润滑油滤清器过滤掉,以保证发动机的正常工作。

(5)防蚀作用:发动机润滑油还可以将零件表面与空气或其他腐蚀性物质隔开,减少或防止零件表面锈蚀或其他腐蚀。

2. 发动机润滑油的工作条件

发动机润滑油在发动机中的工作条件非常苛刻,主要表现在以下几个方面。

(1)温度高、温差大。发动机工作时,燃气的工作温度最高,汽油机和柴油机分别高达1900~2500℃和1500~1900℃;活塞顶及燃烧室壁的温度在250~500℃;活塞裙部从上到下在175~260℃;连杆轴承的温度约为110℃;曲轴主轴承的温度约为100℃;曲轴箱油温为85~95℃;而发动机在起动时,其零部件的温度和环境温度接近。

(2)负荷大。现代发动机功率大、质量小,各运动部件单位摩擦面负荷较大。汽油机和柴油机的燃气最高压力分别达3~5MPa和5~10MPa,这就意味着作用在曲柄连杆机构上的瞬时冲击力可达数万牛顿。

(3)运动速度快且活塞速度变化大。发动机曲轴转速多在1500~4800r/min;活塞在汽缸中的运动速度变化大,在上下止点时速度为零,中间速度最大,高达8~14m/s。摩擦面形成润滑膜十分困难,活塞与汽缸壁之间经常处于边界润滑状态。

(4)易受环境因素影响。随空气进入汽缸的粉尘、燃烧的废气及其他残留物对润滑油构成污染。

这些工作条件中主要是工作温度较高,能达300℃左右,窜到活塞上部的润滑油还会遇到更高的温度,在高温下润滑油容易氧化,产生积炭等沉积物。由于发动机润滑油的工作条件比较苛刻,所以要求润滑油需具有良好的使用性能,以保证发动机在复杂的条件下正常工作。

3. 发动机润滑油的主要性能指标

1)黏度

液体在流动时,在其分子间产生内摩擦的性质,称为液体的黏性,黏性的大小用黏度表示。

黏度是润滑油的主要性能指标,它是润滑油分类和使用的主要依据。对发动机来说,润滑油黏度的大小直接关系到发动机的起动性能、零件的磨损、功率损失、燃料和润滑油料的消耗等。黏度过大或过小,对发动机的工作都会产生不良的影响。润滑油的黏度过大,低温起动性和泵送性差,起动后供油速度慢,磨损反而会加剧。实验表明,发动机的磨损约有2/3发生在起动时的非完全流体润滑过程中,因此,为保证可靠润滑,不能选用黏度过大的润滑油。

> **？ 想一想**
>
> 发动机润滑油黏度过小会有哪些危害?

2)黏温性

润滑油的黏度是随温度变化而变化的,温度升高,黏度变小;温度降低,黏度变大,润滑油黏度随温度升降而改变的性质称为黏温性。它是发动机润滑油的一项重要指标。

发动机润滑油接触到的各润滑部位的工作温度相差很大,如活塞环处可以达到300℃高温,而主轴承部只有100℃左右。因此,要求发动机润滑油在高温工作时,能保持一定的黏度,以形成足够的油膜,保证可靠的润滑;在低温工作时,又不至于太黏稠,确保发动机低温时容易起动并减少零件的磨损。

润滑油的黏温性用黏度指数表示,黏度指数越大,表面黏度受温度的影响越小,黏温性越好。

相关链接

多黏度级发动机润滑油是指用低黏度的基础油和黏度指数改进剂调配而成,具有良好的黏温性,能同时满足低、高温使用要求的发动机润滑油。

3）氧化安定性

润滑油抵抗由于空气(或氧气)的作用而引起其性质发生永久性改变的能力,称为氧化安定性。润滑油的抗氧化安定性是反映润滑油在实际使用、储存和运输中氧化变质或老化倾向的重要特性。

润滑油在储存和使用过程中,经常与空气接触而起氧化作用,温度的升高和金属的催化会加速油品的氧化。润滑油品氧化的结果,使油品颜色变深,黏度增大,酸性物质增多,并产生沉淀。这些无疑对润滑油的使用会带来一系列不良影响,如腐蚀金属、堵塞油路等。对发动机润滑油来说,还会在活塞表面生成漆膜,黏结活塞环,导致汽缸的磨损或活塞的损坏。因此,氧化安定性是润滑油必控质量指标之一,对长期循环使用的汽轮机油、变压器油、内燃机油以及与大量压缩空气接触的空气压缩机油等,更具重要意义。通常油品中均加有一定数量的抗氧剂,以增加其抗氧化能力,延长使用寿命。

4）抗腐性

发动机润滑油抵抗腐蚀性物质对金属腐蚀的能力,称为发动机润滑油的抗腐性。

无论发动机润滑油的品质多么高级,在发动机高温、高压和有水分的工作条件下,不可避免地被氧化而生成各种有机酸,这些有机酸将对金属零件产生腐蚀作用。特别是高速柴油机,其采用的铜铅、铜银轴承,抗腐蚀性较差,在发动机润滑油中即使只有微量的酸性物质也会引起严重的腐蚀,使轴承出现斑点、麻坑,甚至整块金属剥落。因此,要求发动机润滑油必须具有较好的抗腐性。

提高发动机润滑油抗腐性的途径有:

(1)加深润滑油的精炼程度,减小酸值。

(2)添加防腐剂。

5）清净分散性

发动机润滑油抑制积炭、油泥和漆膜生成或将这些沉积物清除的能力称为发动机润滑油的清净分散性。

润滑油在使用过程中,因受到高温、废气、燃气的作用,会产生各种氧化物,形成积炭。清净分散性好的润滑油能使这些氧化物悬浮在油中,并通过润滑油滤清器过滤掉,从而避免因积炭造成汽缸密封不严,发动机功率下降,油耗增加等故障。

发动机润滑油基础油本身是不具备清净分散性的,而是通过添加清净分散剂来获得的。

4.发动机润滑油的分类

目前,美国润滑油的 API 性能分类法和 SAE 黏度分类法已被世界各国所承认和广泛采用;我国也参照该两种润滑油的分类方法制定了《内燃机油分类》(GB/T 28772—2012)和《内燃机油黏度分类》(GB/T 14906—2018)两项国家标准,相应制定了我国内燃机油的质量分类法和黏度分类法。

1)按质量等级分

在 GB/T 28772—2012 中,将发动机润滑油分为汽油机油(用"S"表示)和柴油机油(用"C"表示)两个系列。汽油机油分 SA ~ SH 等多个质量等级,柴油机油分为 CA、CB、CC、CD、CD-II、CE、CF-4 等多个质量等级,级别越靠后,性能越好(其中 SA、SB、CA、CB 已废除)。具体分类见表 7-3、表 7-4。

汽油机润滑油的质量等级　　　　　　　　　　　　　　　表 7-3

品种代号	特性和使用场合
SE	用于轿车和某些货车的汽油机以及要求使用 API SE、SD[a] 级油的汽油机。此种油品的抗氧化性能及控制汽油机高温沉积物、锈蚀和腐蚀的性能优于 SD[a] 或 SC[a]
SF	用于轿车和某些货车的汽油机以及要求使用 API SF、SE 级油的汽油机。此种油品的抗氧化和抗磨损性能优于 SE,同时还具有控制汽油机沉积、锈蚀和腐蚀的性能,并可代替 SE
SG	用于轿车、货车的汽油机以及要求使用 API SG 级油的汽油机。SG 质量还包括 CC 或 CD 的使用性能。此种油品改进了 SF 级油控制发动机沉积物、磨损和油的氧化性能,同时还具有抗锈蚀和腐蚀的性能,并可代替 SF、SF/CD、SE 或 SE/CC
SH、GF-1	用于轿车、轻型货车的汽油机以及要求使用 API SH 级油的汽油机。SH 级油在质量和油品的抗氧化性能方面优于 SG 级油,并可代替 SG 级油 GF-1 与 SH 相比,增加了对燃料经济性的要求
SJ、CF-2	用于轿车、运动型多用途汽车、货车和轻型卡车的汽油机以及要求使用 API SJ 级油的汽油机。此种油品在挥发性、过滤性、高温泡沫性和高温沉积物控制等方面的性能优于 SH。可代替 SH,并可在 SH 以前的"S"系列等级中使用 GF-2 与 SJ 相比,增加了对燃料经济性的要求,GF-2 可代替 GF-1
SL、GF-3	用于轿车、运动型多用途汽车、货车和轻型卡车的汽油机以及要求使用 API SL 级油的汽油机。此种油品在挥发性、过滤性、高温泡沫性和高温沉积物控制等方面的性能优于 SJ。可代替 SJ,并可在 SJ 以前的"S"系列等级中使用 GF-3 与 SL 相比,增加了对燃料经济性的要求,GF-3 可供替 GF-2
SM、GF-4	用于轿车、运动型多用途汽车、货车和轻型卡车的汽油机以及要求使用 API SM 级油的汽油机。此种油品在高温氧化和清净性能、高温磨损性能以及高温沉积物控制等方面的性能优于 SL。可代替 SL,并可在 SL 以前的"S"系列等级中使用 GF-4 与 SM 相比,增加了对燃料经济性的要求,CF-4 可代替 GF-3
SN、GF-5	用于轿车、运动型多用途汽车、货车和轻型卡车的汽油机以及要求使用 API SN 级油的汽油机。此种油品在高温氧化和清净性能、低温油泥以及高温沉积物控制等方面的性能优于 SM。可代替 SM,并可以 SM 以前的"S"系列等级中使用 对于资源节约型 SN 油品,除具有上述性能外,强调燃料经济性、对排放系统和涡轮增压器的保护以及与含乙醇最高达85%的燃料的兼容性能 GF-5 与资源节约型 SN 相比,性能基本一致,GF-5 可代替 GF-4

柴油机润滑油的质量等级 表 7-4

品种代号	特性和使用场合
CC	用中负荷及重负荷下运行的自然吸气、涡轮增压和机械增压式柴油机以及一些重负荷汽油机。对于柴油机具有控制高温沉积物和轴瓦腐蚀的性能，对于汽油机具有控制锈蚀、腐蚀和高温沉积物的性能
CD	用于需要高效控制磨损及沉积物或使用包括高硫燃料自然吸气、涡轮增压和机械增压式柴油机以及要求使用 API CD 级油的柴油机。具有控制轴瓦腐蚀和高温沉积物的性能，并可代替 CC
CF	用于非道路间接喷射式柴油发动机和其他柴油发动机，也可用于需有效控制活塞沉积物、磨损和含铜轴瓦腐蚀的自然吸气、涡轮增压和机械增压式柴油。能够使用硫的质量分数大于 0.5% 的高硫柴油燃料，并可供替 CD
CF-2	用于需高效控制汽缸、环表面胶合和沉积物的二冲程柴油发动机
CF-4	用于高速、四冲程柴油发动机以及要求使用 API CF-4 级油的柴油机，特别适用于高速公路行驶的重型货车。此种油品在机油消耗和活塞沉积物控制等方面的性能优于 CE，并可代替 CE、CD 和 CC
CG-4	用于可在高速公路和非道路使用的高速、四冲程柴油发动机。能够使用硫的质量分数小于 0.05% ~ 0.5% 的柴油燃料。此种油品可有效控制高温活塞沉积物、磨损、腐蚀、泡沫、氧化和烟炱的累积，并可代替 CF-4、CE、CD 和 CC
CH-4	用于高速、四冲程柴油发动机，能够使用硫的质量分数不大于 0.5% 的柴油燃料。即使在不利的应用场合，此种油品可凭借其磨损控制、高温稳定性和烟炱控制方面的特性有效地保持发动机的耐久性；对于非铁金属的腐蚀、氧化和不溶物的增稠、泡沫性以及由于剪切所造成的黏度损失可提供最佳的保护。其性能优于 CG-4，并可代替 CG-4、CF-4、CE、CD 和 CC
CI-4	用于高速、四冲程柴油发动机。能够使用硫有质量分数不大于 0.5% 的柴油燃料。此种油品在装有废气再循环装置的系统里使用可保持发动机的耐久性。对于腐蚀性和与烟炱有关的磨损倾向、活塞沉积物以及由于烟炱累积所引起的黏温性变差、氧化增稠、机油消耗、泡沫性、密封材料的适应性降低和由于剪切所造成黏度损失可提供最佳的保护。其性能优于 CH-4，并可代替 DH-4、CG-4、CF-4、CE、CD 和 CC
CJ-4	用于高速、四冲程柴油发动机。能够使用硫的质量分数不大于 0.05% 的柴油燃料。对于使用废气后处理系统的发动机，如使用硫的质量分数大于 0.0015% 的燃料，可能会影响废气后处理系统的耐久性和/或机油的换油期。此种油品在装有微粒过滤器和其他后处理系统里使用可特别有效地保持排放控制系统的耐久性。对于催化剂中毒的控制、微粒过滤器的堵塞、发动机磨损、活塞沉积物、高低温稳定性、烟炱处理特性、氧化增稠、泡沫性和由于剪切所造成的黏度损失可提供最佳的保护。其性能优于 CI-4，并可代替 CI-4、CH-4、CG-4、CF-4CE、CD 和 CC

2）按黏度等级分

我国内燃机油的牌号过去是按该油 100℃ 时运动黏度的大小来区分确定的，如汽油有 8 号、11 号、14 号、18 号 等牌号。现在新的牌号是按最大低温动力黏度、最高边界泵送温度和 100℃ 时最小运动黏度来划分的。国家标准 GB/T 14906—2018 将内燃机油分为单级油和多级油，单级油共有 0W、5W、10W、15W、20W、25W 共 6 个低温黏度级号和 8、12、16、20、30、40、50、60 共 8 个 100℃ 运动黏度级号，详见表 7-5。其中低温黏度级号的内燃机油适用于寒冷地区，100℃ 运动黏度级号的内燃机油适用于温度较高的地区使用。多级油是一些经黏度指数改进剂调配，具有多黏度等级的内燃机油，这种机油低温黏度小，100℃ 运动黏度较高。目前多级油主要有 5W/20、5W/30、10W/30、15W/40、20W/40 等牌号，其中分子 5W、10W、15W、20W 表示低温黏度等级，分母 20、30、40 表示 100℃ 时的运动黏度等级。

我国内燃机油黏度分类(GB/T 14906—2018)　　　　　　　　　表 7-5

黏度等级	低温启动黏度 （mPa·s） 不大于	低温泵送黏度 （无屈服应力时） （mPa·s） 不大于	运动黏度 （100℃） （mm²/s） 不小于	运动黏度 （100℃） （mm²/s） 小于	高温剪切黏度 （150℃） （mPa·s） 不小于
试验方法	GB/T 6538	NB/SH/T 0562	GB/T 265	GB/T 625	SH/T 2650751
0W	6200 在 −35℃	6200 在 −40℃	3.8	—	—
5W	6200 在 −30℃	6000 在 −35℃	3.8	—	—
10W	7000 在 −25℃	6000 在 −30℃	4.1	—	—
15W	7000 在 −20℃	6000 在 −25℃	5.6	—	—
20W	9500 在 −15℃	6000 在 −20℃	5.6	—	—
25W	13000 在 −10℃	6000 在 −15℃	9.3	—	—
8	—	—	4.0	6.1	1.7
12	—	—	5.0	7.1	2.0
16	—	—	6.1	8.2	2.3
20	—	—	6.9	9.3	2.6
30	—	—	9.3	12.5	2.9
40	—	—	12.5	16.3	3.5（0W−40,5W−40 和 10W−40 等级）
40	—	—	12.5	16.3	3.7（15W−40,20W−40 和 25W−40 等级）
50	—	—	16.3	21.9	3.7
60	—	—	21.9	26.1	3.7

5. 发动机润滑油的规格

发动机润滑油的规格由品种（使用等级）和牌号（黏度等级）两部分组成。每一个品种都有不同类别的牌号，适用于不同的地区和季节，国产发动机润滑油的品种与牌号见表 7-6。

国产发动机润滑油的品种与牌号　　　　　　　　　表 7-6

黏度等级	低温启动黏度 （mPa·s） 不大于	边界泵送温度 （℃） 不高于	运动黏度（100℃） （mm²/s） 不小于	运动黏度（100℃） （mm²/s） 小于
试验方法	GB/T 6538	GB/T 9171	GB/T 265	GB/T 265
0W	3250 在 −30℃	−35℃	3.8	—
5W	3500 在 −25℃	−30℃	3.8	—
10W	3500 在 −20℃	−25℃	4.1	—
15W	3500 在 −15℃	−20℃	5.6	—
20W	4500 在 −10℃	−15℃	5.6	—
25W	6000 在 −5℃	−10℃	9.3	—
20	—	—	5.6	9.3

续上表

黏度 等级	低温启动黏度 （mPa·s） 不大于	边界泵送温度 （℃） 不高于	运动黏度(100℃) （mm²/s） 不小于	运动黏度(100℃) （mm²/s） 小于
试验方法	GB/T 6538	GB/T 9171	GB/T 265	GB/T 265
30	–	–	9.3	12.5
40	–	–	12.5	16.3
50	–	–	16.3	21.9
60	–	–	21.9	26.1

6. 发动机润滑油的选用和使用注意事项

选用发动机润滑油总的原则是：首先根据车辆的负荷和使用条件来选择润滑油的质量等级；然后再根据气温来选择润滑油的牌号，在保证润滑的前提下，应尽量选用黏度小的润滑油。

1）汽油机润滑油的合理选用

（1）根据车辆说明书提供的润滑油质量级别来选用油品。汽油机润滑油的质量级别主要依据汽油机的压缩比来选用。若汽油机压缩比小于 7.0，可选用 SC 级油；压缩比介于 7.0～8.0，可选用 SD 级油；压缩比大于 8.0，可选用 SE 或 SE 以上级别的汽油机润滑油。

（2）根据进口车辆的生产年限来选用油的质量等级。

（3）根据发动机进排气系统的结构来选用润滑油的质量等级。如装有曲轴箱强制换气装置，要选用 SD 级油；装有废气循环系统，要选用 SE 级油；装有尾气转化装置，要选用 SF 级油。

（4）根据发动机工作特性和使用环境来选用。对于间隙小、负荷轻、工作温度低、转速高、磨损小的发动机，应选用黏度较小的润滑油；相反则选用黏度较大的润滑油。对于冬季（温度低）应选用黏度小的润滑油；相反则选用黏度较大的润滑油。若发动机长期处于低温低速状态，高温高速状态，在灰尘污染严重的场所工作，满载或超载，工况变化频繁等，选用润滑油质量应提高一个档次。

2）柴油机润滑油的合理选用

（1）根据车辆的负荷与转速选用。负荷高、转速低一般选用黏度大的润滑油；负荷轻、转速高一般选用黏度小些的润滑油。

（2）根据发动机的强化系数选用。强化系数小于 30 时，可选用 CA 级柴油机润滑油；强化系数为 30～50 时，可选用 CC 级柴油机润滑油；强化系数为 50～80 时，可选用 CD 级柴油机润滑油；强化系数大于 80 时，可选用 CE 级柴油机润滑油；对于大型载货汽车，应选用 CF-4 柴油机润滑油。

（3）根据发动机润滑油容量大小选用。润滑油容量大，对润滑油质量档次要求和缓；润滑油容量小，对润滑油质量档次要求高。一般欧洲产的发动机体积不大，润滑油容量小，功率大，因此要求使用质量较高档次的润滑油。

（4）根据地区、季节、气温选用不同黏度和级别的内燃机润滑油。冬季温度低的地区选用黏度低的内燃机润滑油，反之，则选用黏度高的内燃机润滑油。

（5）根据发动机的使用情况选用内燃机润滑油。新发动机应选用黏度小的油，而使用时间较长、磨损较大则应当使用黏度较大的润滑油。

3)发动机润滑油的使用注意事项

(1)忌选用黏度偏高的润滑油。在润滑油黏度的选择上许多人错误地认为,高黏度的润滑油能形成较厚的油膜,因而能增强润滑效果,减少磨损。其实不然,高黏度的润滑油低温起动性和泵送性差,起动后上油速度慢,磨损反而会加剧。实验表明,发动机的磨损约有 2/3 发生在起动时的非完全流体润滑过程中,因此,为保证可靠润滑,要选用黏度适当的润滑油。

(2)忌随意选择代用油品。代用油品的正确选择关系到发动机的动力性、经济性和磨损。目前有不少用户在选择代用油品时随意性较大,甚至长期采用低档油品代用较高档的油品,这是十分不妥的。油品的代用关系发动机的使用寿命,应遵循如下的规则谨慎选择:一是黏度等级相同的油品,质量等级高的可代替质量等级低的油品;二是质量等级相同时,使用温度宽的可代替使用温度窄的油品。如要求用 30SC 油时,可用 10W/30SC 油代替;要求用 30SD、40SD 或 20W/40SD 油时可用 15W/40SD 油代替。需注意的是使用代用油品时应经常检查发动机润滑油的工作情况。

(3)忌使用中只添不换。润滑油在使用过程中,由于污染、氧化等原因质量会逐渐下降,同时也会有一些消耗,使数量减少,不断向润滑系统中添加一些新油,只能弥补数量上的不足,而不能完全补偿润滑油性能的损失。随着时间的延长,润滑油的性能会变得越来越差,以致给发动机带来严重后果。为了确保发动机长期正常运行,降低磨损,必须在油品达到报废标准时及时更换润滑系统内的全部润滑油。

(4)忌把润滑油颜色变黑作为更换润滑油的主要依据。据了解,有不少驾驶人看到润滑油的颜色变黑,就认为油品已严重变质而将其更换,造成浪费。对于没加清净分散剂的润滑油来说,使用中颜色变黑的确是油品已严重变质的表现。但现代汽车使用的润滑油一般都加有清净分散剂,目的是将黏附在活塞上的胶膜和黑色积炭洗涤下来,并分散在油中,减少发动机高温沉积物的生成,故润滑油使用一段时间后颜色容易变黑,但这时的油品并未完全变质。使用中的润滑油是否严重变质、需要更换,应主要根据润滑油的理化指标是否达到报废标准来判定。目前多数使用单位都缺少油品化验设备和化验人员,因此可在油品使用接近换油期时采用一些简易快速检测方法,如滤纸斑点试验法来判断油品质量变化情况。

(5)忌润滑油加注量过多。有的驾驶人认为:润滑油是起润滑作用的,多加一点,对发动机有益无害,而且可减少加油次数,节省时间。诚然,润滑油最主要的作用是润滑机械,减少摩擦、降低磨损,油量不足时会加速润滑油变质,甚至会因缺油而引起零部件的烧毁、异常磨损。但油量过多也不可取,原因有两个:一是润滑油过多会使其从汽缸与活塞的间隙中窜入燃烧室燃烧形成积炭,积炭的存在相应提高了发动机的压缩比,增加了产生爆燃的倾向;积炭在汽缸内呈红热状态还容易引起早燃;积炭如落入汽缸会加剧汽缸和活塞的磨损,还会加速污染润滑油。二是增加了曲轴连杆的搅拌阻力,使燃油消耗增大。实验表明:加油量超过标准 1% 时,燃油消耗会增加 1.2%,因此,除新车初驶期内为保证有可靠的冷却、清洗作用,可略微多加一些润滑油外,其他情况下一律不得超过规定的机油尺最高刻度。

(6)忌不了解发动机的结构特点选择润滑油。发动机结构特点决定了发动机工况的苛刻程度,对润滑油质量等级的选用起着决定性的影响,如汽油机进、排气系统中有附加装置,将使润滑油的工作条件变得更加恶化,必须选用质量等级较高的润滑油。例如没有 PCV(曲轴箱正压通风)装置的汽油机要选用 SC 级油,而装了 PCV 后,就要选用 SD 级油;同样,装了

EGR(废气再循环装置)和催化转换器的,选用的润滑油都要比没有装这类装置时提高一个质量等级。因此在选用发动机润滑油前必须熟悉本车发动机的结构特点。

(7)忌储存、使用中混入水分。润滑油中混入水分不仅会锈蚀零件妨碍润滑,还会降低润滑油油膜的强度,引起润滑油起泡和乳化变质,严重时会使油中的添加剂分解沉淀以致失效。因此,在储存和使用过程中要严防水分混入,特别是冬季采用蒸汽加热润滑油的车辆,应特别注意经常检查加热设备,保持其完好,以防蒸汽窜入油中。

(8)忌选用劣质冒牌润滑油。劣质冒牌润滑油性能指标达不到规定的要求,会影响正常使用,轻者降低润滑效果,加剧磨损,增大燃油消耗,重者会引发机械事故(如烧瓦、拉缸等)。因此,一旦发现已使用了劣质冒牌润滑油时,应立即停用,并清洗润滑油道。

发动机润滑油的选择必须十分谨慎,因为整个车辆操作运行费用的80%是燃料、维修和折旧,其中润滑油的使用仅占操作运行费用1%,因此,希望用户在选用发动机润滑油时,绝不要贪图价廉、选用低档次、劣质的润滑油,宁选用高质量档次的润滑油,也不要用劣质或低档润滑油。否则,导致发动机故障,维修损失更大,得不偿失。

相关链接

润滑油是否变质的简易鉴别方法如下。

(1)油流观察法:取两只量杯,其中一个盛有待检查的润滑油,另一只空放在桌面上,将盛满润滑油的量杯举高离开桌面30~40cm并倾斜,让润滑油慢慢流到空杯中,观察其流动情况,质量好的润滑油油流时应该是细长、均匀、连绵不断,若出现油流忽快忽慢,时而有大块流下,则说润滑油已变质。

(2)手捻法:将润滑油捻在大拇指与食指之间反复研磨,较好的润滑油手感到有润滑性、磨屑少、无摩擦,若感到手指之间的砂粒之类较大摩擦感,则表明润滑油内杂质多,不能再用,应更换新润滑油。

(3)光照法:在天气晴朗的日子,用螺丝刀将润滑油箱盖撬起,与水平面成45°角。对照阳光,观察油滴情况,在光照下,可清晰地看到润滑油中无磨屑为良好,可继续使用,若磨屑过多,应更换润滑油。

(4)油滴痕迹法:取一张干净的白色滤试纸,滴油数滴在滤试纸上,待润滑油渗漏后,若表面有黑色粉末,用手触摸有阻涩感,则说明润滑油里面杂质已很多,好的润滑油无粉末,用手摸上去干而光滑,且呈黄色痕迹。

(二)汽车齿轮油

汽车齿轮油通常用于汽车手动变速器、后桥主传动机构和转向器的润滑。和其他润滑油一样,汽车齿轮油在齿轮传动中的主要作用是减小摩擦、降低磨损、冷却零部件,同时还可以减少振动、缓和冲击、清洗零部件和防止锈蚀。

1.汽车齿轮油的性能要求

1)润滑性和极压抗磨性

现代汽车中,越来越多地采用准双曲面齿轮作为驱动桥传动齿轮。准双曲面齿轮在传动动力时,齿面压力可高达 3000~4000MPa,滑动速度也高达 450m/min,齿轮随时处于边界润滑状态。为了保证可靠的润滑,要求在齿面保持足够厚的油膜。齿轮油的黏度增加有利于油膜厚度和承载能力的增加,但黏度过大又会导致摩擦损失的增加,所以现代汽车齿轮油一般多采用添加极压抗磨剂来增加其极压抗磨性。

2)氧化安定性

汽车主传动器使用的齿轮油温度较高,产生氧化的可能性很大,再加之齿轮箱中金属的催化作用,极易导致齿轮油氧化变质。因此,要求齿轮油具有良好的热氧化安定性。

3)防腐性

渗入齿轮油中的水分和氧化生成的酸性物质,会导致齿轮和轴承腐蚀或生锈。另外,齿轮油中添加的极压抗磨剂也会造成金属的腐蚀。因此,汽车齿轮油还需添加防腐剂,以保证汽车齿轮油具有良好的抗腐性。

此外,汽车齿轮油还应具有良好的黏温性、抗泡沫性和适宜的黏度。

2. 汽车齿轮油的分类

1)按黏度分类

我国汽车齿轮油的黏度采用美国 SAE 黏度分类法,分成了含字母 W 和不含字母 W 的两组黏度等级系列。含字母 W 是冬季齿轮油,以低温黏度达到 150Pa·s 时的最高温度和 100℃时的最低运动黏度划分的,不含字母 W 的是夏季齿轮油,以 100℃运动黏度来划分,具体分类见表 7-7。

SAE 车辆齿轮油的黏度分类　　　　　　　　表 7-7

SAE 黏度级	黏度为 150000MPa·s 的最高温度（℃）	100℃ 运动黏度（m²/s）	
		最小值	最大值
70W	−55	4.1	
75W	−40	4.1	
80W	−26	7	
85W	−12	11	
90		13.5	<24.0
140		24	<41.0
250		41	

2)按使用性能分类

我国参照采用 API 使用分类法,将汽车齿轮油分为普通汽车齿轮油、中负荷汽车齿轮油和重负荷汽车齿轮油 3 个品种,具体情况见表 7-8。

各种齿轮油的特点和常用部位　　　　　　　表 7-8

名称及代号	特　点	常 用 部 位	相当 API 级别
普通汽车齿轮油 CLC	精制矿物油加抗氧剂、防锈剂、抗泡剂和少量极压剂等	手动变速器、弧齿锥齿的驱动桥	CL-3（已废除）
中负荷汽车齿轮油 CLD	精制矿物油抗氧剂、防锈剂、抗泡剂和极压剂等。适应在低速高转矩、高速低转矩下操作的各种齿轮,特别是客车和其他各种车辆的准双曲面齿轮	手动变速器、负荷高的弧齿锥齿轮和使用条件不苛刻的准双曲面齿轮的驱动桥	CL-4（已废除）

续上表

名称及代号	特　　点	常用部位	相当API级别
重负荷汽车齿轮油 CLE	精制矿物油抗氧剂、防锈剂、抗泡剂和极压剂等。适用于高速冲击负荷、低速高转矩、高速低转矩下操作的各种齿轮，特别是客车和其他各种车辆用的准双曲面齿轮	操作条件苛刻的准双曲面齿轮及其他各种齿轮的驱动桥。也可用于手动变速器	CL-5

3. 我国齿轮油的规格

我国常用的齿轮油主要有以下3种：

（1）普通汽车齿轮油：包括80W/90、85W/90、90号3个牌号。主要用于中等速度和负荷比较苛刻的手动变速器和弧齿锥齿驱动桥。

（2）中负荷汽车齿轮油：没有独立的牌号，通常用18号准双曲面齿轮油和合成18号准双曲面齿轮油来代替。

（3）重负荷汽车齿轮油：包括75W、80W/90、85W/90、85W/140、90号5个牌号。

4. 齿轮油的选用及注意事项

1）齿轮油的选用

通常按汽车使用说明书的规定选择与该车型相适应的齿轮油品种和标号，还可以参照下列原则选油。

（1）根据季节选择齿轮油的标号（黏度级）。齿轮油的标号75W、80W、85W、90和140号分别适用于最低气温为 −40℃、−20℃、−12℃、−10℃、10℃的地区，应对照当地冬季最低气温适当选用。

近年来，由于进口品牌的齿轮油在国内大量生产并销售，国内市场上出售的齿轮油基本上都使用国际标准的标号，即SAE黏度分级标号和API质量分级标号。按照国际标准为汽车选用齿轮油就可以保证汽车使用的要求。旧牌号国产齿轮油与SAE规格、API规格对应关系及使用范围，详见表7-9。

国产齿轮油与进口齿轮油的对应关系　　　　　　　　　　表7-9

国产齿轮油	使用范围	相对应的SAE规格（按黏度分类）	相对应的API规格（按质量分级）
20号普通齿轮油	冬季使用于一般汽车的齿轮传动装置上	SAE90	GL-2
30号普通齿轮油	长江以南地区全年，长江以北地区，夏季使用于一般汽车的齿轮传动装置	SAE140	GL-2
22号渣油型准双曲面齿轮油	冬季使用于具有准双曲面齿轮传动装置的汽车上	SAE90	GL-3
28号渣油型准双曲面齿轮油	夏季使用于具有准双曲面齿轮传动装置的汽车上	SAE140	GL-3
18号馏分型准双曲面齿轮油	用于气温在 −10～30℃地区，具有准双曲面齿轮传动装置的汽车上	SAE90	GL-4
26号馏分型准双曲面齿轮油	用于气温在32℃以上地区，具有准双曲面齿轮传动装置的汽车上	SAE140	GL-4
13号馏分型准双曲面齿轮油	用于气温在 −35～10℃严寒地区，具有准双曲面齿轮传动装置的汽车上	SAE85W	GL-5

（2）根据齿轮类型和工况选择齿轮油（使用性能级别）。

对于一般工作条件下的螺旋锥齿轮主减速器（驱动桥）、变速器和转向器可选用普通车辆齿轮油；主减速器是准双曲面齿轮的，必须根据工作条件选用中负荷车辆齿轮油或重负荷车辆齿轮油。具体选择方法请参考表 7-10。

汽车齿轮油的选用

表 7-10

使用性能级别选择		黏度级别（或牌号）的选择	
性能级别	齿轮类型、工作条件和示例	黏度级别	使用气温范围℃
普通车用齿轮油 （GL-3）	工作条件缓和的螺旋锥齿轮主减速器和变速器、转向器（解放 CA1091 后桥、变速器等）	90	−10℃ 以上地区全年通用
		80W/90	−30℃ 以上地区全年通用
		85W/90	−20℃ 以上地区全年通用
中负荷车用齿轮油 （GL-4）	工作条件一般（齿间压力在 3000MPa 以下，齿间滑移速度在 8mm/s 以下）的准双曲面齿轮主减速器（东风 EQ1090）或要求使用 GL-4 齿轮油的进口汽车	90（旧 18 号）	−10℃ 以上地区全年通用
		旧 7 号严寒区准双曲面齿轮油	−43℃ 以上严寒区冬季
		85W/90	−20℃ 以上地区全年通用
重负荷车用齿轮油 （GL-5）	工作条件苛刻的准双曲面齿轮主减速器（丰田皇冠等进口轿车）或要求使用 GL-5 齿轮油的进口汽车	90	10℃ 以上地区全年通用
		140（旧 26 号）	重负荷、炎热夏季

相关链接

各大厂牌的齿轮油型号：

GL-5：美孚 Mobil HD、壳牌 Spirax A、加德士 Thuban GL-5EP、埃索 Gear Oil G、嘉实多 Multitrax 85W/140、道达尔 Hypo Gear EP。

GL-4：美孚 Mobil GX、壳牌 SPIRAX G、加德士 Thuban GL-4、埃索 Gear Oil GP、嘉实多 SMX 80W/90、道达尔 Energol EP。

做一做

查阅资料，为 2009 款丰田卡罗拉 1.8L GL-i 型自动挡汽车驱动桥选择齿轮油。

2）齿轮油的使用注意事项

（1）绝不能用普通齿轮油代替准双曲面齿轮油，以免造成齿轮损坏；也不能滥用准双曲面齿轮油来替代普通齿轮油，否则，会造成变速器齿轮的腐蚀性磨损和不必要的经济损失。

（2）不能将使用等级较低的齿轮油用在要求较高的车辆上，但使用等级较高的齿轮油可以用在要求较低的车辆上。

（3）不要误认高黏度齿轮油的润滑性能好。使用黏度太高标号的齿轮油，将会使燃料消耗显著增加,特别是对高速轿车影响更大,应尽可能使用合适的多级齿轮油。

(4)加注齿轮油的平面应与加油口平齐,不能过高或过低。

(5)按规定换油指标换用新油。换油时,应趁热放出旧油,并将齿轮和齿轮箱清洗干净后方可加入新油。

(6)在使用和储存中,不要同水分、机械杂质和其他油液相混淆。

三、车　用　轮　胎

轮胎是汽车行驶系统的重要组成部分之一,轮胎技术状况的好坏,不仅关系汽车的行车安全,也影响汽车的油耗高低和运行成本。据统计,轮胎费用占汽车运行成本的10%以上,轮胎的技术状况可使汽车油耗在10%～15%变化。

1. 轮胎的分类

轮胎的分类方法有很多,现概述如下。

(1)按用途分可分为轿车胎、轻载及载重胎、工程机械轮胎、农用轮胎、工业用轮胎、摩托车胎、航空轮胎。

(2)按轮胎结构分可分为子午线轮胎、普通斜交轮胎、带束斜交胎和五帘线轮胎等。

(3)按气候条件分可分为雪地轮胎、夏季轮胎、全天候轮胎。

(4)按有无内胎分可分为有内胎轮胎和无内胎轮胎两种。

(5)按充气压力可分为高压轮胎、低压轮胎和超低压轮胎。

(6)按轮胎花纹可分为普通花纹轮胎、混合花纹轮胎和越野花纹轮胎。

2. 轮胎的结构

1)充气轮胎

充气轮胎一般由外胎、内胎和垫带组成,而外胎则主要由胎冠、胎肩、胎侧和胎圈等部分组成。具体结构如图7-1所示。

2)有内胎的充气轮胎

这种轮胎主要由外胎、内胎和垫带组成,如图7-2所示。内胎中充满压缩空气,外胎用来保护内胎不受损伤且具有一定弹性;垫带放在内胎下面,防止内胎与轮辋硬性接触受损伤。

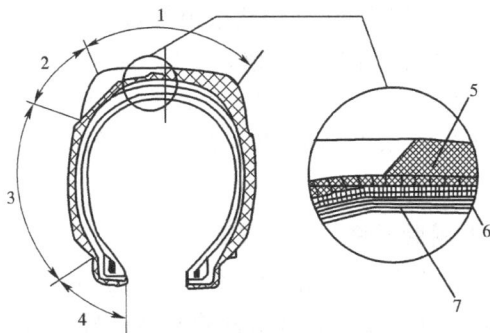

图7-1　充气轮胎的结构

1-胎冠;2-胎肩;3-胎侧;4-胎圈;5-胎面;6-缓冲层(带束层);7-帘布层

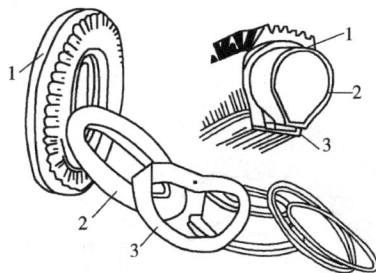

图7-2　有内胎充气轮胎的结构

1-外胎;2-内胎;3-垫带

3)无内胎的充气轮胎

这种轮胎外观上与普通轮胎相似,但胎圈外侧上有若干道同心环形槽纹,在轮胎内空气压力作用下,槽纹能使胎圈紧贴在轮辋边缘上,使之与轮辋保证良好气密性,如图7-3所示。

4)普通斜交轮胎

普通斜交轮胎的特点是帘布层和缓冲层各相邻层帘线交叉排列,各层帘线与胎冠中心线成35°~40°的交角,因而叫斜交轮胎,如图7-4所示。在帘布层与胎面之间为缓冲层。

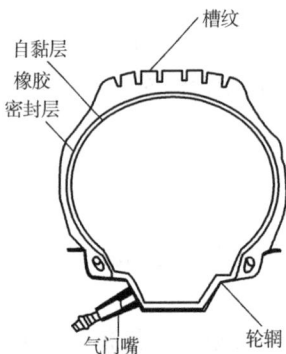

图7-3　无内胎充气轮胎的结构

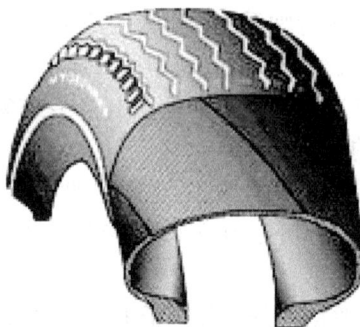

图7-4　普通斜交轮胎的结构

5)子午线轮胎

这种轮胎的帘线与胎面中心线呈90°或接近90°角排列,帘线分布如地球的子午线,因而称为子午线轮胎。在帘布层与胎面之间为带束层。带束层内各层帘线与胎面中心线夹角为10°~20°。

3. 轮胎的规格

(1)斜交轮胎的规格:用 $B—d$ 表示,其中 B 是轮胎名义断面宽度, d 是轮辋名义直径。如9.00-20,是指轮胎名义断面宽度为9.00in(英寸,1in = 25.4mm),轮辋名义直径为20in。

(2)子午线轮胎的规格:国产子午线轮胎规格用 BRd 表示,其中 R 代表子午线轮胎。国产轿车子午线轮胎断面宽度 B 改用米制单位mm,轮辋直径 d 仍然采用英制单位in。

目前,轮胎逐渐呈现扁平化趋势,即轮胎的断面高度相对越来越矮,通常用扁平率来表示轮胎的高宽比。为了更准确地表示轮胎的规格,需要增加一项以表示其所属的扁平率系列。目前国产轿车轮胎共有80、75、70、65、60五个系列,数字越小,轮胎越矮,即轮胎越扁平。

4. 轮胎规格的表示方法

《轿车轮胎规格、尺寸、气压与负荷》(GB/T 2978—2014)规定的轿车轮胎规格代号表示方法如图7-5所示。其中,负载指数86,表示对应的最大载荷为530kg。

速度符号与最高速度对应见表7-11。

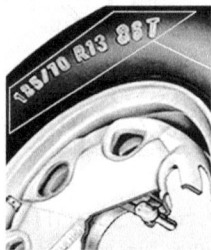

子午线轮胎表示方法

| 185 | / | 70 | R13 | 86T |

轮胎截面宽度　轮胎截面高宽比　子午线结构标志　轮辋直径　负载速度级别标志

图7-5　子午线轮胎表示方法

速度符号与最高速度对应表　　　　　　　　表 7-11

速度标识	最大速度 (km/h)	速度标识	最大速度 (km/h)
N	140	T	190
P	150	H	210
Q	160	V	240
R	170	W	270
S	180	Y	300

做一做

查阅资料,说明 205/60R15 89H 的含义。

5. 轮胎的合理使用

有人将轮胎比喻成人穿的鞋,这未尝不可,不过未听说过鞋底出现爆裂会出人命的事,而轮胎爆裂导致车毁人亡的消息则是时有所闻。有统计数据表明,高速公路上的交通事故中,由爆胎引起的事故占 70% 以上。从这一角度看,轮胎的合理使用关乎人们的安全。

1)保持正常的气压

各汽车制造厂对轮胎气压都有特别的规定,在汽车加油口盖上或者是驾驶座门的侧边上会找到汽车厂家给出的推荐气压,请遵循标示,千万不可超出最高值。气压过高则使车身质量集中在胎面中心上,导致胎面中心快速磨耗。受外力冲击时,容易产生外伤甚至爆破胎面;张力过大,造成胎面脱层及胎面沟底龟裂;轮胎抓地力减小,制动性能降低;车辆跳动,舒适性降低,车辆悬架系统容易损坏。轮胎气压不足会导致轮胎过热。低压使轮胎的接地面积不均匀,胎面或帘布层脱层、胎面沟槽及胎肩龟裂,帘线断裂,胎肩部位快速磨耗,缩短轮胎的使用寿命;增大胎唇与轮辋之间的异常摩擦,引起胎唇损伤,或者轮胎与轮辋脱离,甚至爆胎;同时会增加滚动阻力、加大油耗,而且影响车辆的操控,严重时甚至引发交通事故。

2)防止轮胎超载

轮胎的结构、强度以及使用气压和速度是经过厂家严格计算确定的,不遵守标准而超载使用轮胎会影响其使用寿命。根据有关部门的实验证明:超负荷 10% 时轮胎寿命降低 20%;超负荷 30% 时轮胎滚动阻力将增加 45%～60%,同时燃油消耗也会增加。因此,在装载货物时,既要防止超载,使全部轮胎超负荷;又要防止装载不均衡,使个别轮胎超载。

3)定期换位

众所周知,由于轮胎的安装位置不同,车辆前、后轮轮胎运转时的工作条件和所承受的负荷也各不相同。比如前轮主要用于操控方向,故需承受较多的横向摩擦力,而后轮一般所承受的摩擦力以纵向为主,并且当轮胎作为驱动轮时,磨损度也较被动轮大。一般轿车发动机在前部,驾驶座也在前部,所以前轮所承受的载荷比后轮大,而车辆制动或起动时(前轮驱动型),前轮先和地面发生摩擦,所以前轮比后轮磨损快。因此,为避免轮胎长时间受单一方向的磨损(偏磨),应定期适时地交换轮胎位置,使轮胎磨损均衡,在轮胎的整个生命周期内提供更好的操作性能,进而延长轮胎的使用寿命。

根据车辆的驱动形式不同,轮胎的换位方式也各不相同。

前轮驱动车辆:将左后调至右前、右后调至左前、左前调至左后、右前调至右后,如图7-6所示。

后轮驱动车辆:将左前调至右后、右前调至左后、左后调至左前、右后调至右前。

四轮驱动车辆:前后左右轮全部交叉对调,即左前调至右后、右前调至左后、左后调至右前、右后调至左前。

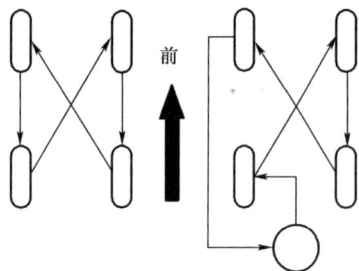

图7-6 轮胎换位的基本方法

进行轮胎换位时应注意:

(1)养成每个月检查轮胎磨损情况的好习惯,一旦发现轮胎偏磨严重,应及时对轮胎进行换位。

(2)通常车辆前、后轮轮胎的气压是不同的,在换位后应按轮胎所在位置调整轮胎胎压。

(3)如果备胎也和4条常用胎规格完全一样,就不妨将备胎也加入换位的行列中,这样5条轮胎的磨损都会有所降低。

如果备胎是小规格的备胎(窄胎),就千万不要尝试换位。因为窄胎的规格和结构与车上正常使用的轮胎均不相同,其充气压力要高得多,且窄胎设计时没有考虑将其作为常用胎来使用,这时,备胎就是备胎。

(4)单导向(有方向性花纹)轮胎的调位方法要特别注意。因为单导向轮胎花纹只在一个转动方向上提供良好的抓地和排水能力,反向安装则失效,同时因花纹自身受力的原因,会损坏轮胎。因此,请观察轮胎胎边模刻的箭头,该箭头指示轮胎应该旋转的方向,必须小心注意保持正确的旋转方向。因此,只能前后轮直向对调、不能左右交叉。

4)掌握车速,控制胎温

坚持中速行驶,严禁超速行驶,防止胎温超过100℃。夏季行驶应增加停歇次数,如轮胎发热或内压增加,应停车休息降温,严禁泼冷水降温或放气降温。

四、其他车用工作液

(一)汽车制动液

现代轿车和轻型汽车广泛采用液压行车制动系统,汽车制动液就是液压行车制动系统所采用的工作介质,俗称刹车油。

1.汽车制动液的工作条件及使用要求

(1)工作压力较高,一般在5~8MPa。

(2)工作温度高,最高可达到150℃以上。

(3)接触材料多,如铸铁、铝合金、铜、钢、橡胶等。

2.汽车制动液的使用性能

1)高温抗气阻性

由于汽车制动液工作温度很高,如果其沸点过低,在高温时就容易蒸发成蒸气,在管路中产生气阻,从而造成制动失灵。因此,为保证行车安全,要求汽车制动液必须具有良好的高温抗气阻性。

评价汽车制动液高温抗气阻性的指标是平衡回流沸点和蒸发性。

2)运动黏度

汽车制动液的工作温度范围很宽,冬天接近外界环境最低气温,而制动时又可高达150℃以上。为了保证制动时系统压力能随着制动踏板的动作迅速升降,要求制动液必须具有良好的运动黏度。为此,在制动液规格中都规定了 −40℃最大运动黏度和100℃最小运动黏度。

3)与橡胶的匹配性

在汽车制动系统中,皮碗等橡胶件通常都是用来起密封作用的,如果制动液对这些橡胶件产生溶胀、软化或硬化作用,就会导致渗漏、卡死等问题的出现,从而造成制动性能下降,甚至制动失灵。因此,要求制动液必须通过皮碗试验。

4)抗腐蚀性

液压制动系统中,主缸、轮缸、活塞、复位弹簧、导管等大都采用铸铁、铝、铜或钢等材料制成,如果制动液对金属产生腐蚀作用,可能导致制动失灵。因此,要求制动液必须通过金属腐蚀试验。

此外,要求制动液还应具有良好的溶水性、稳定性、润滑性和氧化安定性等。

3. 制动液的分类

汽车制动液一般分为如下3类:醇型、矿油型、合成型。

1)醇型制动液

醇型制动液的基本组成是用45%～55%的蓖麻油和55%～45%的醇(百分数指质量分数)进行调配。这种产品润滑性好,原料易得,低温黏度大,工艺简单;但低温性能差,平衡回流沸点低,易产生气阻,与水互溶性差,使用过程中易氧化变质,不能保证安全行车。

2)矿油型制动液

矿油制动液是以精制的柴油馏分经深度脱蜡后的组分作为基础油,加入增黏剂、抗氧化剂、防锈剂、染色剂等调和而成。这类制动液的温度适应范围宽、低温性能好,对金属无腐蚀作用;但不能与水及合成制动液混溶,进入少量水后在高温下水汽化会产生气阻,影响制动效果,对天然橡胶有溶胀作用,必须使用耐油橡胶密封件。

3)合成型制动液

合成型制动液是目前使用最多的制动液,可分为3类:醇醚型、酯型和硅型。

(1)醇醚型制动液:由润滑剂、稀释剂和添加剂组成,常用的润滑剂有乙二醇、聚丙二醇、环氧乙烷加成物、环氧丙烷的聚合物等,常用的稀释剂有二甘醇醚、三甘醇醚、四甘醇醚等。常用的添加剂有抗氧剂、抗腐蚀剂、防锈剂、抗磨剂、pH值调整剂等。其优点是产品性能较为稳定,成本较低,用量最大;缺点是平衡回流沸点不大高,及湿性强,低温性能差,而且在湿热气候条件下使用时,制动器部件易锈蚀。

(2)酯型制动液:其基础液为羧酸酯与硼酸酯,加入量(质量分数)大约为总量的20%～50%,常用的稀释剂为聚乙二醇的单烷基醚等,常用的添加剂有抗氧化剂、抗腐蚀剂、

pH 值调整剂等。这类制动液的性能比前者有很大改善。

(3)硅油型制动液:一般为烷撑聚醚硅酸酯如聚烷撑乙二醇硅酸酯等,并加有橡胶抗溶胀剂和其他添加剂。这类制动液性能较好,但价格昂贵。

4. 制动液的规格

不同国家对制动液的规格标准不一样,国外常见的主要有美国联邦机动车辆安全标准、美国汽车工程师协会标准和国际标准化组织标准等,我国汽车制动液标准为《机动车辆制动液》(GB 12981—2003)。本标准将汽车制动液分为 HZY_3、HZY_4、HZY_5 三种规格,它们分别对应于国际通用产品 DOT_3、DOT_4、DOT_5。

5. 制动液的选用与使用注意事项

一般来说,按照车辆使用说明书的要求选择制动液产品是最合理可靠的,各汽车生产厂家在推荐制动液时都是经过充分论证和大量实车试验的。说明书除了给出标准用代号品牌外,一般还提供可供代用的代号品牌。用户应尽可能选用标准代号品牌的产品,缺乏时才考虑选用代用品牌。

制动液在使用中应注意以下几点。

(1)不同规格制动液不能混用。各种制动液绝对不能混用,否则会因分层而失去制动作用。

(2)保持清洁。加注或更换制动液时要注意清洁,不允许微杂质混入制动系统。

(3)注意防潮。存放制动液的容器应当密封,防止水分混入和吸收水汽使沸点降低;更换下来和装在未密封容器内的制动液不能继续使用。

(4)定期更换。汽车制动液的更换一般以行驶里程或使用时间确定,严格按照使用说明书的要求定期更换。

(二)汽车发动机冷却液

发动机工作时,汽缸内的燃气温度可高达 1700~2500℃,为了保证发动机的正常工作,必须要对发动机进行冷却。冷却液就是发动机冷却系统的循环介质。

1. 冷却液的使用性能

(1)黏度小,流动性好。冷却液的黏度越小,流动性越好,其散热效果越好。

(2)冰点低,沸点高。冰点是指冷却液的结冰温度;沸点是指冷却液沸腾的温度。冷却液的最低冰点应能达到 -50℃左右,这样才能保证散热器和冷却系统管路冬季不被冻裂,同时保证发动机具有良好的低温起动性能。冷却液在较高温度下不沸腾,才能保证汽车在重载、大负荷等苛刻条件下工作时正常运行。

(3)防腐性好。发动机冷却液工作时要接触很多金属材料,如果它对金属有腐蚀性,就会影响发动机的正常工作,甚至酿成事故。为此,冷却液要保持呈碱性状态,其 pH 值应在 7.5~11 的范围。

(4)不易产生水垢,抗泡性好。水垢对发动机冷却系统的散热强度影响很大。试验表明,水垢的传热能力比铸铁小几十倍,比铝合金小上百倍。因此,冷却系统在工作时,不应产生水垢。同时,水泡的产生也将导致传热能力下降,加剧穴蚀,甚至造成冷却液溢流。

2. 冷却液的种类与性能

冷却液由水、防冻剂、添加剂 3 部分组成,按防冻剂成分不同可分为酒精型、甘油型、乙二醇型等类型的冷却液。

（1）酒精型冷却液：用乙醇（俗称酒精）作防冻剂，价格便宜、流动性好、配制工艺简单，但沸点较低、易蒸发损失、冰点易升高、易燃等，现已逐渐被淘汰。

（2）甘油型冷却液：沸点高、挥发性小、不易着火、无毒、腐蚀性小，但降低冰点效果不佳、成本高、价格昂贵，用户难以接受，只有少数北欧国家仍在使用。

（3）乙二醇型冷却液：用乙二醇作防冻剂，并添加少量抗泡沫、防腐蚀等综合添加剂配制而成。由于乙二醇易溶于水，可以任意配成各种冰点的冷却液，其最低冰点可达 $-68℃$ ，这种冷却液具有沸点高、泡沫倾向低、黏温性能好、防腐和防垢等特点，是一种较为理想的冷却液，目前国内外发动机所使用的和市场上所出售的冷却液几乎都是乙二醇型冷却液。

3. 乙二醇型冷却液的选用及使用注意事项

汽车发动机冷却液的选择应以汽车制造厂推荐为准，选用的冷却液冰点应比最低气温低 $5 \sim 10℃$ ，确保冷却系统不结冰，同时应注意以下事项。

（1）冷却液有毒，有腐蚀性，对人的皮肤和内脏有刺激作用，使用中要特别注意防止嘴吸、手沾。因为即使很少一点也会中毒，严重时会使人致命。

（2）在使用工业酒精和水配制的冷却液时，必须注意防火。

（3）由于冷却液膨胀系数较大，加注时不要过满。

（4）使用过程中，由于水分蒸发（乙二醇沸点较高，不会蒸发）冷却液会减少而变黏稠，在没有泄漏的情况下，当发现冷却液不足时，可向其中补加蒸馏水、离子水或冷却后的开水等软水，以防止水垢和腐蚀。

（5）不同牌号的冷却液不能混用。

做一做

查阅资料，为2009款丰田卡罗拉1.8L GL-i型自动挡汽车选择冷却液。

技能训练

车用油液、轮胎的认识

1. 准备工作

（1）场地设施：整车实训室，不同型号的机油、制动液、冷却液、轮胎。

（2）工具：pH试纸、制动液检测仪、冷却液冰点测试仪、轮胎气压表，工具车。

2. 实训过程

（1）认识各种机油的型号和品质

①在机油桶上找到机油的型号和品质，填写在表7-12中。

机油型号和品质　　　　　　　　　　　　表 7-12

机　油	品　牌	型　号	含　义	质量等级
第一种机油				
第二种机油				
第三种机油				

②利用 pH 试纸测量新机油、不同使用时间(里程)机油的 pH 值,将测量的值填写在表 7-13 中,并分析原因。

机油 pH 测量　　　　　　　　　　　　　表 7-13

机　油	pH 值	是否可以继续使用
新机油		
使用 2500km 的机油		
使用 5000km 的机油		
使用 10000km 的机油		

(2)利用制动液检测仪检测车辆制动液的含水率,将测量结果填写在表 7-14 中。

机油 pH 测量　　　　　　　　　　　　　表 7-14

车　辆	pH 值	是否可以继续使用
车辆一		
车辆二		
车辆三		

(3)利用冷却液冰点测试仪检测车辆冷却液的冰点,将测量结果填写在表 7-15 中。

冷却液冰点检测　　　　　　　　　　　　表 7-15

车　辆	冰点	是否可以继续使用
车辆一		
车辆二		
车辆三		

(4)在车辆上找到汽车轮胎气压标准,根据轮胎气压标准,利用轮胎气压表测量轮胎气压是否正常,不正常的添加至正常值(表 7-16)。

轮胎气压检测　　　　　　　　　　　　　表 7-16

车辆品牌型号		汽车 VIN		轮胎气压标准名牌所在位置	
轮胎型号		轮胎气压标准值(空载)		轮胎气压标准值(满载)	
左前轮胎气压			右前轮胎气压		
左后轮胎气压			右后轮胎气压		

单元小结

(1)汽油和柴油是现代汽车最主要的两种燃料。

(2)汽油的使用性能包括蒸发性、抗爆性、防腐性、清洁性和化学安定性。

(3)车用柴油的使用性能包括燃烧性、低温流动性、雾化和蒸发性。

(4)选用车用柴油的主要依据是气温,应根据不同地区和季节合理选用不同牌号的柴油。

(5)汽车的润滑材料主要包括发动机润滑油、汽车齿轮油和汽车润滑脂等。

(6)发动机润滑油的主要作用是润滑、冷却、清洗、密封和防蚀。

(7)发动机润滑油的主要性能指标有黏度、黏温性、氧化安定性、抗腐性和清净分散性。

(8)根据质量等级和黏度等级的不同,发动机润滑油可以分为不同的牌号。

(9)汽车齿轮油通常用于汽车手动变速器、后桥主传动机构和转向器的润滑。其使用性能包括润滑性和极压抗磨性、氧化安定性和防腐性。

(10)我国常用的齿轮油主要有常用汽车齿轮油、中负荷汽车齿轮油和重负荷汽车齿轮油3种。

(11)轮胎是汽车行驶系统的重要组成部分之一。现代汽车普遍采用子午线轮胎,并通过定期换位来保障轮胎良好的技术状况。

(12)汽车制动液的使用性能包括高温抗气阻性、运动黏度、与橡胶的匹配性和抗腐蚀性。

(13)汽车制动液一般分为醇型、矿油型和合成型3种。

(14)冷却液的使用性能包括黏度小、流动性好、冰点低、沸点高、防腐性好以及不易产生水垢,抗泡性好等几个方面。

(15)冷却液由水、防冻剂、添加剂3部分组成,按防冻剂成分不同可分为酒精型、甘油型、乙二醇型等类型的冷却液。

思考与练习

一、填空题

1. 汽油的蒸发性由_____和_____两个指标来综合评定。

2. _____是指汽油在汽油机燃烧室内燃烧时防止爆燃的能力。通常采用汽油的_____作为汽油抗爆性的评定指标。

3. 柴油又称_____,由不同的碳氢化合物混合组成。分为_____和_____两大类。

4. 柴油的使用性能有_____、_____和_____。

5. 发动机润滑油的主要作用是_____、_____、清洗、_____和防蚀。

6. 我国汽车齿轮油的黏度采用_____分类法,分成了含字母 W 和不含字母 W 的两组黏度等级系列。含字母 W 是＿＿＿＿＿＿＿＿＿＿＿齿轮油,不含字母 W 的是＿＿＿＿＿＿＿＿＿＿＿齿轮油。

7.充气轮胎一般由＿＿＿＿＿＿＿＿＿＿＿、＿＿＿＿＿＿＿＿＿和＿＿＿＿＿＿＿＿＿＿＿组成。

8.我国汽车制动液标准为《机动车辆制动液》(GB 12981—2003)。本标准将汽车制动液分为＿＿＿＿＿＿＿＿＿＿＿、＿＿＿＿＿＿＿＿＿＿＿、＿＿＿＿＿＿＿＿＿＿＿三种规格。

二、选择题

1.以下哪项对燃料性能的影响最小? (　　　)

　　A.抗爆性　　　　B.挥发性　　　　C.导电性　　　　D.沉积物控制

2.以下哪项对发动机爆燃没有影响? (　　　)

　　A.燃料清净剂　　B.稀混合气　　　C.点火提前角　　D.辛烷值

3.以下哪种化学物质常加入汽油中来提高辛烷值? (　　　)

　　A.异辛烷　　　　B.正庚烷　　　　C.硫黄　　　　　D.乙醇

4.以下哪项不是柴油的低温流动性指标? (　　　)

　　A.凝点　　　　　B.浊点　　　　　C.冷滤点　　　　D.燃点

5.下列哪项不是发动机润滑油的主要性能指标? (　　　)

　　A.黏度　　　　　B.黏温性　　　　C.抗腐性　　　　D.冷冻性

6.技师甲说:"绝不能用普通齿轮油代替准双曲面齿轮油,以免造成齿轮损坏。"技师乙说:"加注齿轮油的平面应与加油口平齐,不能过高或过低。"谁说得对? (　　　)

　　A.只有甲对　　　B.只有乙对　　　C.甲、乙都对　　D.甲、乙都不对

三、简答题

1.车用汽油的使用性能有哪些? 其评定指标各是什么?

2.怎样合理选用车用汽油?

3.怎样合理选用车用柴油?

4.发动机润滑油有不同的牌号,试说明 15W/40 的含义。

5.齿轮油的使用性能包括哪些? 如何正确选用齿轮油?

6.查阅资料,解释 205/55 R16 的含义。

7.轮胎的换位方式有几种? 怎样进行轮胎换位?

8.怎样正确选用汽车制动液?

9.怎样正确选用发动机冷却液?

附录 机动车维修管理规定

《机动车维修管理规定》于2005年6月24日由交通部发布,2015年8月8日《交通运输部关于修改〈机动车维修管理规定〉的决定》第一次修正;《交通运输部关于修改〈机动车维修管理规定〉的决定》已于2016年4月14日经第8次部务会议通过了第二次修正。修正后的《机动车维修管理规定》重新发布,并于2016年4月19日起施行。

第一章 总 则

第一条 为规范机动车维修经营活动,维护机动车维修市场秩序,保护机动车维修各方当事人的合法权益,保障机动车运行安全,保护环境,节约能源,促进机动车维修业的健康发展,根据《中华人民共和国道路运输条例》及有关法律、行政法规的规定,制定本规定。

第二条 从事机动车维修经营的,应当遵守本规定。

本规定所称机动车维修经营,是指以维持或者恢复机动车技术状况和正常功能,延长机动车使用寿命为作业任务所进行的维护、修理以及维修救援等相关经营活动。

第三条 机动车维修经营者应当依法经营,诚实信用,公平竞争,优质服务。落实安全生产主体责任和维修质量主体责任。

第四条 机动车维修管理,应当公平、公正、公开和便民。

第五条 任何单位和个人不得封锁或者垄断机动车维修市场。鼓励机动车维修企业实行集约化、专业化、连锁经营,促进机动车维修业的合理分工和协调发展。

鼓励推广应用机动车维修环保、节能、不解体检测和故障诊断技术,推进行业信息化建设和救援、维修服务网络化建设,提高机动车维修行业整体素质,满足社会需要。

鼓励机动车维修企业优先选用具备机动车检验维修国家职业资格的人员,并加强技术培训,提升从业人员素质。

第六条 交通部主管全国机动车维修管理工作。

县级以上地方人民政府交通主管部门负责组织领导本行政区域的机动车维修管理工作。

县级以上道路运输管理机构负责具体实施本行政区域内的机动车维修管理工作。

第二章 经营许可

第七条 机动车维修经营依据维修车型种类、服务能力和经营项目实行分类许可。

机动车维修经营业务根据维修对象分为汽车维修经营业务、危险货物运输车辆维修经营业务、摩托车维修经营业务和其他机动车维修经营业务四类。

汽车维修经营业务、其他机动车维修经营业务根据经营项目和服务能力分为一类维修经营业务、二类维修经营业务和三类维修经营业务。

摩托车维修经营业务根据经营项目和服务能力分为一类维修经营业务和二类维修经营业务。

第八条　获得一类、二类汽车维修经营业务或者其他机动车维修经营业务许可的,可以从事相应车型的整车修理、总成修理、整车维护、小修、维修救援、专项修理和维修竣工检验工作;获得三类汽车维修经营业务(含汽车综合小修)、三类其他机动车维修经营业务许可的,可以分别从事汽车综合小修或者发动机维修、车身维修、电气系统维修、自动变速器维修、轮胎动平衡及修补、四轮定位检测调整、汽车润滑与养护、喷油泵和喷油器维修、曲轴修磨、汽缸镗磨、散热器维修、空调维修、汽车美容装潢、汽车玻璃安装及修复等汽车专项维修工作。具体有关经营项目按照《汽车维修业开业条件》(GB/T 16739)相关条款的规定执行。

第九条　获得一类摩托车维修经营业务许可的,可以从事摩托车整车修理、总成修理、整车维护、小修、专项修理和竣工检验工作;获得二类摩托车维修经营业务许可的,可以从事摩托车维护、小修和专项修理工作。

第十条　获得危险货物运输车辆维修经营业务许可的,除可以从事危险货物运输车辆维修经营业务外,还可以从事一类汽车维修经营业务。

第十一条　申请从事汽车维修经营业务或者其他机动车维修经营业务的,应当符合下列条件:

(一)有与其经营业务相适应的维修车辆停车场和生产厂房。租用的场地应当有书面的租赁合同,且租赁期限不得少于1年。停车场和生产厂房面积按照国家标准《汽车维修业开业条件》(GB/T 16739)相关条款的规定执行。

(二)有与其经营业务相适应的设备、设施。所配备的计量设备应当符合国家有关技术标准要求,并经法定检定机构检定合格。从事汽车维修经营业务的设备、设施的具体要求按照国家标准《汽车维修业开业条件》(GB/T 16739)相关条款的规定执行;从事其他机动车维修经营业务的设备、设施的具体要求,参照国家标准《汽车维修业开业条件》(GB/T 16739)执行,但所配备设施、设备应与其维修车型相适应。

(三)有必要的技术人员:

1. 从事一类和二类维修业务的应当各配备至少1名技术负责人员、质量检验人员、业务接待人员以及从事机修、电器、钣金、涂漆的维修技术人员。技术负责人员应当熟悉汽车或者其他机动车维修业务,并掌握汽车或者其他机动车维修及相关政策法规和技术规范;质量检验人员应当熟悉各类汽车或者其他机动车维修检测作业规范,掌握汽车或者其他机动车维修故障诊断和质量检验的相关技术,熟悉汽车或者其他机动车维修服务收费标准及相关政策法规和技术规范,并持有与承修车型种类相适应的机动车驾驶证;从事机修、电器、钣金、涂漆的维修技术人员应当熟悉所从事工种的维修技术和操作规范,并了解汽车或者其他机动车维修及相关政策法规。各类技术人员的配备要求按照《汽车维修业开业条件》(GB/T 16739)相关条款的规定执行。

2. 从事三类维修业务的,按照其经营项目分别配备相应的机修、电器、钣金、涂漆的维修技术人员;从事汽车综合小修、发动机维修、车身维修、电气系统维修、自动变速器维修的,还应当配备技术负责人员和质量检验人员。各类技术人员的配备要求按照国家标准《汽车维修业开业条件》(GB/T 16739)相关条款的规定执行。

第十二条 从事危险货物运输车辆维修的汽车维修经营者,除具备汽车维修经营一类维修经营业务的开业条件外,还应当具备下列条件:

(一)有与其作业内容相适应的专用维修车间和设备、设施,并设置明显的指示性标志。

(二)有完善的突发事件应急预案,应急预案包括报告程序、应急指挥以及处置措施等内容。

(三)有相应的安全管理人员。

(四)有齐全的安全操作规程。本规定所称危险货物运输车辆维修,是指对运输易燃、易爆、腐蚀、放射性、剧毒等性质货物的机动车维修,不包含对危险货物运输车辆罐体的维修。

第十三条 申请从事摩托车维修经营的,应当符合下列条件:

(一)有与其经营业务相适应的摩托车维修停车场和生产厂房。租用的场地应有书面的租赁合同,且租赁期限不得少于1年。停车场和生产厂房的面积按照国家标准《摩托车维修业开业条件》(GB/T 18189)相关条款的规定执行。

(二)有与其经营业务相适应的设备、设施。所配备的计量设备应符合国家有关技术标准要求,并经法定检定机构检定合格。具体要求按照国家标准《摩托车维修业开业条件》(GB/T 18189)相关条款的规定执行。

(三)有必要的技术人员:

1.从事一类维修业务的应当至少有1名质量检验人员。质量检验人员应当熟悉各类摩托车维修检测作业规范,掌握摩托车维修故障诊断和质量检验的相关技术,熟悉摩托车维修服务收费标准及相关政策法规和技术规范。

2.按照其经营业务分别配备相应的机修、电器、钣金、涂漆的维修技术人员。机修、电器、钣金、涂漆的维修技术人员应当熟悉所从事工种的维修技术和操作规范,并了解摩托车维修及相关政策法规。

(四)有健全的维修管理制度。包括质量管理制度、安全生产管理制度、摩托车维修档案管理制度、人员培训制度、设备管理制度及配件管理制度。具体要求按照国家标准《摩托车维修业开业条件》(GB/T18189)相关条款的规定执行。

(五)有必要的环境保护措施。具体要求按照国家标准《摩托车维修业开业条件》(GB/T18189)相关条款的规定执行。

第十四条 申请从事机动车维修经营的,应当向所在地的县级道路运输管理机构提出申请,并提交下列材料:

(一)《交通行政许可申请书》、有关维修经营申请者的营业执照原件和复印件。

(二)经营场地(含生产厂房和业务接待室)、停车场面积材料、土地使用权及产权证明原件和复印件。

(三)技术人员汇总表,以及各相关人员的学历、技术职称或职业资格证明等文件原件和复印件。

(四)维修检测设备及计量设备检定合格证明原件和复印件。

（五）按照汽车、其他机动车、危险货物运输车辆、摩托车维修经营,分别提供本规定第十一条、第十二条、第十三条规定条件的其他相关材料。

第十五条 道路运输管理机构应当按照《中华人民共和国道路运输条例》和《交通行政许可实施程序规定》规范的程序实施机动车维修经营的行政许可。

第十六条 道路运输管理机构对机动车维修经营申请予以受理的,应当自受理申请之日起15日内作出许可或者不予许可的决定。符合法定条件的,道路运输管理机构作出准予行政许可的决定,向申请人出具《交通行政许可决定书》,在10日内向被许可人颁发机动车维修经营许可证件,明确许可事项;不符合法定条件的,道路运输管理机构作出不予许可的决定,向申请人出具《不予交通行政许可决定书》,说明理由,并告知申请人享有依法申请行政复议或者提起行政诉讼的权利。

机动车维修经营者应当持机动车维修经营许可证件依法向工商行政管理机关办理有关登记手续。

第十七条 申请机动车维修连锁经营服务网点的,可由机动车维修连锁经营企业总部向连锁经营服务网点所在地县级道路运输管理机构提出申请,提交下列材料,并对材料真实性承担相应的法律责任:

（一）机动车维修连锁经营企业总部机动车维修经营许可证件复印件;

（二）连锁经营协议书副本;

（三）连锁经营的作业标准和管理手册;

（四）连锁经营服务网点符合机动车维修经营相应开业条件的承诺书。道路运输管理机构在查验申请资料齐全有效后,应当场或在5日内予以许可,并发给相应许可证件。连锁经营服务网点的经营许可项目应当在机动车维修连锁经营企业总部许可项目的范围内。

第十八条 机动车维修经营许可证件实行有效期制。从事一、二类汽车维修业务和一类摩托车维修业务的证件有效期为6年;从事三类汽车维修业务、二类摩托车维修业务及其他机动车维修业务的证件有效期为3年。

机动车维修经营许可证件由各省、自治区、直辖市道路运输管理机构统一印制并编号,县级道路运输管理机构按照规定发放和管理。

第十九条 机动车维修经营者应当在许可证件有效期届满前30日到作出原许可决定的道路运输管理机构办理换证手续。

第二十条 机动车维修经营者变更经营资质、经营范围、经营地址、有效期限等许可事项的,应当向作出原许可决定的道路运输管理机构提出申请;符合本章规定许可条件、标准的,道路运输管理机构依法办理变更手续。

机动车维修经营者变更名称、法定代表人等事项的,应当向作出原许可决定的道路运输管理机构备案。

机动车维修经营者需要终止经营的,应当在终止经营前30日告知作出原许可决定的道路运输管理机构办理注销手续。

第三章 维 修 经 营

第二十一条 机动车维修经营者应当按照经批准的行政许可事项开展维修服务。

第二十二条　机动车维修经营者应当将机动车维修经营许可证件和《机动车维修标志牌》悬挂在经营场所的醒目位置。《机动车维修标志牌》由机动车维修经营者按照统一式样和要求自行制作。

第二十三条　机动车维修经营者不得擅自改装机动车,不得承修已报废的机动车,不得利用配件拼装机动车。

托修方要改变机动车车身颜色,更换发动机、车身和车架的,应当按照有关法律、法规的规定办理相关手续,机动车维修经营者在查看相关手续后方可承修。

第二十四条　机动车维修经营者应当加强对从业人员的安全教育和职业道德教育,确保安全生产。

机动车维修从业人员应当执行机动车维修安全生产操作规程,不得违章作业。

第二十五条　机动车维修产生的废弃物,应当按照国家的有关规定进行处理。

第二十六条　机动车维修经营者应当公布机动车维修工时定额和收费标准,合理收取费用。

机动车维修工时定额可按各省机动车维修协会等行业中介组织统一制定的标准执行,也可按机动车维修经营者报所在地道路运输管理机构备案后的标准执行,也可按机动车生产厂家公布的标准执行。当上述标准不一致时,优先适用机动车维修经营者备案的标准。

机动车维修经营者应当将其执行的机动车维修工时单价标准报所在地道路运输管理机构备案。

机动车生产厂家在新车型投放市场后一个月内,有义务向社会公布其维修技术资料和工时定额。

第二十七条　机动车维修经营者应当使用规定的结算票据,并向托修方交付维修结算清单。维修结算清单中,工时费与材料费应分项计算。维修结算清单格式和内容由省级道路运输管理机构制定。

机动车维修经营者不出具规定的结算票据和结算清单的,托修方有权拒绝支付费用。

第二十八条　机动车维修经营者应当按照规定,向道路运输管理机构报送统计资料。道路运输管理机构应当为机动车维修经营者保守商业秘密。

第二十九条　机动车维修连锁经营企业总部应当按照统一采购、统一配送、统一标识、统一经营方针、统一服务规范和价格的要求,建立连锁经营的作业标准和管理手册,加强对连锁经营服务网点经营行为的监管和约束,杜绝不规范的商业行为。

第四章　质　量　管　理

第三十条　机动车维修经营者应当按照国家、行业或者地方的维修标准和规范进行维修。尚无标准或规范的,可参照机动车生产企业提供的维修手册、使用说明书和有关技术资料进行维修。

第三十一条　机动车维修经营者不得使用假冒伪劣配件维修机动车。

机动车维修经营者应当建立采购配件登记制度,记录购买日期、供应商名称、地址、产品名称及规格型号等,并查验产品合格证等相关证明。

机动车维修经营者对于换下的配件、总成,应当交托修方自行处理。

机动车维修经营者应当将原厂配件、副厂配件和修复配件分别标识,明码标价,供用户选择。

第三十二条 机动车维修经营者对机动车进行二级维护、总成修理、整车修理的,应当实行维修前诊断检验、维修过程检验和竣工质量检验制度。

承担机动车维修竣工质量检验的机动车维修企业或机动车综合性能检测机构应当使用符合有关标准并在检定有效期内的设备,按照有关标准进行检测,如实提供检测结果证明,并对检测结果承担法律责任。

第三十三条 机动车维修竣工质量检验合格的,维修质量检验人员应当签发《机动车维修竣工出厂合格证》;未签发机动车维修竣工出厂合格证的机动车,不得交付使用,车主可以拒绝交费或接车。

机动车维修竣工出厂合格证由省级道路运输管理机构统一印制和编号,县级道路运输管理机构按照规定发放和管理。

禁止伪造、倒卖、转借机动车维修竣工出厂合格证。

第三十四条 机动车维修经营者对机动车进行二级维护、总成修理、整车修理的,应当建立机动车维修档案。机动车维修档案主要内容包括:维修合同、维修项目、具体维修人员及质量检验人员、检验单、竣工出厂合格证(副本)及结算清单等。

机动车维修档案保存期为二年。

第三十五条 道路运输管理机构应当加强机动车维修从业人员管理,建立健全从业人员信用档案,加强从业人员诚信监管。

机动车维修经营者应当加强从业人员从业行为管理,促进从业人员诚信、规范从业维修。

第三十六条 道路运输管理机构应当加强对机动车维修经营的质量监督和管理工作,可委托具有法定资格的机动车维修质量监督检验中心,对机动车维修质量进行监督检验。

第三十七条 机动车维修实行竣工出厂质量保证期制度。汽车和危险货物运输车辆整车修理或总成修理质量保证期为车辆行驶 20000km 或者 100 日;二级维护质量保证期为车辆行驶 5000km 或者 30 日;一级维护、小修及专项修理质量保证期为车辆行驶 2000km 或者10 日。

摩托车整车修理或者总成修理质量保证期为摩托车行驶 7000km 或者 80 日;维护、小修及专项修理质量保证期为摩托车行驶 800km 或者 10 日。

其他机动车整车修理或者总成修理质量保证期为机动车行驶 6000km 或者 60 日;维护、小修及专项修理质量保证期为机动车行驶 700km 或者 7 日。

质量保证期中行驶里程和日期指标,以先达到者为准。机动车维修质量保证期,从维修竣工出厂之日起计算。

第三十八条 在质量保证期和承诺的质量保证期内,因维修质量原因造成机动车无法正常使用,且承修方在 3 日内不能或者无法提供因非维修原因而造成机动车无法使用的相关证据的,机动车维修经营者应当及时无偿返修,不得故意拖延或者无理拒绝。

在质量保证期内,机动车因同一故障或维修项目经两次修理仍不能正常使用的,机动车维修经营者应当负责联系其他机动车维修经营者,并承担相应修理费用。

第三十九条 机动车维修经营者应当公示承诺的机动车维修质量保证期。所承诺的质量保证期不得低于第三十七条的规定。

第四十条 道路运输管理机构应当受理机动车维修质量投诉,积极按照维修合同约定和相关规定调解维修质量纠纷。

第四十一条 机动车维修质量纠纷双方当事人均有保护当事车辆原始状态的义务。必要时可拆检车辆有关部位,但双方当事人应同时在场,共同认可拆检情况。

第四十二条 对机动车维修质量的责任认定需要进行技术分析和鉴定,且承修方和托修方共同要求道路运输管理机构出面协调的,道路运输管理机构应当组织专家组或委托具有法定检测资格的检测机构作出技术分析和鉴定。鉴定费用由责任方承担。

第四十三条 对机动车维修经营者实行质量信誉考核制度。机动车维修质量信誉考核办法另行制定。

机动车维修质量信誉考核内容应当包括经营者基本情况、经营业绩(含奖励情况)、不良记录等。

第四十四条 道路运输管理机构应当建立机动车维修企业诚信档案。机动车维修质量信誉考核结果是机动车维修诚信档案的重要组成部分。

道路运输管理机构建立的机动车维修企业诚信信息,除涉及国家秘密、商业秘密外,应当依法公开,供公众查阅。

第五章 监 督 检 查

第四十五条 道路运输管理机构应当加强对机动车维修经营活动的监督检查。

道路运输管理机构的工作人员应当严格按照职责权限和程序进行监督检查,不得滥用职权、徇私舞弊,不得乱收费、乱罚款。

第四十六条 道路运输管理机构应当积极运用信息化技术手段,科学、高效地开展机动车维修管理工作。

第四十七条 道路运输管理机构的执法人员在机动车维修经营场所实施监督检查时,应当有 2 名以上人员参加,并向当事人出示交通部监制的交通行政执法证件。

道路运输管理机构实施监督检查时,可以采取下列措施:

(一)询问当事人或者有关人员,并要求其提供有关资料;

(二)查询、复制与违法行为有关的维修台账、票据、凭证、文件及其他资料,核对与违法行为有关的技术资料;

(三)在违法行为发现场所进行摄影、摄像取证;

(四)检查与违法行为有关的维修设备及相关机具的有关情况。

检查的情况和处理结果应当记录,并按照规定归档。当事人有权查阅监督检查记录。

第四十八条 从事机动车维修经营活动的单位和个人,应当自觉接受道路运输管理机构及其工作人员的检查,如实反映情况,提供有关资料。

第六章 法律责任

第四十九条 违反本规定,有下列行为之一,擅自从事机动车维修相关经营活动的,由县级以上道路运输管理机构责令其停止经营;有违法所得的,没收违法所得,处违法所得2倍以上10倍以下的罚款;没有违法所得或者违法所得不足1万元的,处2万元以上5万元以下的罚款;构成犯罪的,依法追究刑事责任:

(一)未取得机动车维修经营许可,非法从事机动车维修经营的;

(二)使用无效、伪造、变造机动车维修经营许可证件,非法从事机动车维修经营的;

(三)超越许可事项,非法从事机动车维修经营的。

第五十条 违反本规定,机动车维修经营者非法转让、出租机动车维修经营许可证件的,由县级以上道路运输管理机构责令停止违法行为,收缴转让、出租的有关证件,处以2000元以上1万元以下的罚款;有违法所得的,没收违法所得。对于接受非法转让、出租的受让方,应当按照第四十九条的规定处罚。

第五十一条 违反本规定,机动车维修经营者使用假冒伪劣配件维修机动车,承修已报废的机动车或者擅自改装机动车的,由县级以上道路运输管理机构责令改正,并没收假冒伪劣配件及报废车辆;有违法所得的,没收违法所得,处违法所得2倍以上10倍以下的罚款;没有违法所得或者违法所得不足1万元的,处2万元以上5万元以下的罚款,没收假冒伪劣配件及报废车辆;情节严重的,由原许可机关吊销其经营许可;构成犯罪的,依法追究刑事责任。

第五十二条 违反本规定,机动车维修经营者签发虚假或者不签发机动车维修竣工出厂合格证的,由县级以上道路运输管理机构责令改正;有违法所得的,没收违法所得,处以违法所得2倍以上10倍以下的罚款;没有违法所得或者违法所得不足3000元的,处5000元以上2万元以下的罚款;情节严重的,由许可机关吊销其经营许可;构成犯罪的,依法追究刑事责任。

第五十三条 违反本规定,有下列行为之一的,由县级以上道路运输管理机构责令其限期整改;限期整改不合格的,予以通报:

(一)机动车维修经营者未按照规定执行机动车维修质量保证期制度的;

(二)机动车维修经营者未按照有关技术规范进行维修作业的;

(三)伪造、转借、倒卖机动车维修竣工出厂合格证的;

(四)机动车维修经营者只收费不维修或者虚列维修作业项目的;

(五)机动车维修经营者未在经营场所醒目位置悬挂机动车维修经营许可证件和机动车维修标志牌的;

(六)机动车维修经营者未在经营场所公布收费项目、工时定额和工时单价的;

(七)机动车维修经营者超出公布的结算工时定额、结算工时单价向托修方收费的;

(八)机动车维修经营者不按照规定建立维修档案和报送统计资料的;

(九)违反本规定其他有关规定的。

第五十四条 违反本规定,道路运输管理机构的工作人员有下列情形之一的,由同级地

方人民政府交通主管部门依法给予行政处分;构成犯罪的,依法追究刑事责任:

（一）不按照规定的条件、程序和期限实施行政许可的;

（二）参与或者变相参与机动车维修经营业务的;

（三）发现违法行为不及时查处的;

（四）索取、收受他人财物或谋取其他利益的;

（五）其他违法违纪行为。

第七章　附　　则

第五十五条　外商在中华人民共和国境内申请中外合资、中外合作、独资形式投资机动车维修经营的,应同时遵守《外商投资道路运输业管理规定》及相关法律、法规的规定。

第五十六条　机动车维修经营许可证件等相关证件工本费收费标准由省级人民政府财政部门、价格主管部门会同同级交通主管部门核定。

第五十七条　本规定自 2005 年 8 月 1 日起施行。经商国家发展和改革委员会、国家工商行政管理总局同意,1986 年 12 月 12 日交通部、原国家经委、原国家工商行政管理局发布的《汽车维修行业管理暂行办法》同时废止,1991 年 4 月 10 日交通部颁布的《汽车维修质量管理办法》同时废止。

参考文献

[1] 王立志.汽车维修常用工量具使用[M].北京:人民交通出版社,2010.

[2] 李明惠.汽车应用材料[M].北京:机械工业出版社,2015.

[3] 白树全,高美兰.汽车应用材料[M].北京:北京理工大学出版社,2013.

[4] 郎全栋,董元虎.汽车运行材料[M].北京:人民交通出版社,2009.

[5] 凌永成.汽车运行材料[M].北京:北京大学出版社,2013.

[6] 张琴友.汽车专业资料检索[M].2版.北京:人民交通出版社股份有限公司,2017.

[7] 杜伟.信息检索[M].北京:科学出版社,2016.

[8] 李林.汽车维修基础快速入门90天[M].北京:机械工业出版社,2015.

[9] 张启森.汽车常用工量具使用[M].北京:机械工业出版社,2016.

[10] 艾若扎维克(Jack Erjavec).汽车维修基础知识与基本技能[M].司利增,等,编译.北京:电子工业出版社,2006.

[11] 詹姆斯·D·霍尔德曼(Halderman.J.D.),小蔡斯·D·米切尔(Mitchell,Jr,C.D.).汽车维修基础知识[M].马林才,刘颖,译.北京:中国劳动社会保障出版社,2006.